認知症の親と「成年後見人」

後見人なしで最後まで親に寄り添う方法

永峰英太郎

ワニブックス
PLUS新書

はじめに

母危篤、父は認知症、銀行のお金が下ろせない！

私の母が食道がんで、ステージ４（末期がん）の診断を受けたのは、２０１３年10月（75歳）のことでした。母の入院に伴い、私の家に滞在することになった父は、明らかに認知症と疑われる症状を頻発。母に問うと、不自然な行動が多いので心配になり、１年前に父を連れて病院に行った結果、認知症の診断を受けたと言いました。

その後、母は必死にがんと闘っていましたが、14年1月、倒れて危篤状態になります。医師から告げられたのは「余命1か月」。一方、少しずつ認知症の症状が進んでいた父も、同時期、腰の圧迫骨折で倒れて意識を失い、入院します。

このとき、私の目の前に大きな問題が立ちはだかりました。

親の入院費用や生活費、あるいは避けては通れない葬式費用をどう工面するのかという「お金問題」です。両親のメインバンクである父の銀行のキャッシュカードの暗証番号を誰も把握しておらず、引き出せない事態に陥ったのです。

母は危篤状態のため、とても話ができる状態ではありません。父は、入院という事態で、認知症の症状が一時的に悪化し、暗証番号を聞いても、答えることができません。父を連れて、銀行に行くこともできません。委任状も書ける状態ではありませんでした。

周囲に聞くと「子どもが銀行の窓口に行っても、下ろせない」と口をそろえます。インターネットの「ヤフー知恵袋」などで調べても、「下ろせなかった」「窓口で断られた」という書き込みが多数を占めていました。「どうしたらいいんだ」と悩むも、答えが出るわけもありません。それでも、発生するものは発生します。そうした費用を、私は自分の貯金から捻出していましたが、この状態がずっと続くと考えると、私の心はずっしりと塞がりました。

そして母の容態がいよいよ重くなった14年1月下旬、私は「こうなったらダメもとだ」と、銀行通帳と届出印、さらに親が自分で引き出せない証拠などをそろえて、銀行に直談判しに行きます。受付で「絶対に下ろさないと困るんです」と直訴。すると、その熱意が伝わったのか、行員と面談をすることになりました。その席上、なぜお金が必要なのかを必死に伝えていくと、「私の責任で」と、当面の費用を下ろすことができました。

そのとき「今後、お金が必要なときはどうすればいいのか」についても聞きましたが、銀行側は「正当な理由があれば、また面談の上で」との答え。どうしても知りたかった暗証番号を銀行が教えてくれることはありませんでした。

また、その銀行には、父名義の定期預金も貸金庫もあったのですが、その行員からは「これらについては名義の方が手続きをしなければ、あるいは委任状がなければ、何もできません」と言われました。

さらに私に「お金問題」が襲ってきます。

親が認知症になると遺産相続も介護施設の契約もできない⁉

2014年2月前半に母が死去し、遺産相続の段階になったときです。母は長年、保護司を続けるなどして、大きな額ではありませんが、貯金があり、それを父と姉と私で相続する必要が生じました。

ここで大きな困難が生じます。金融機関の預貯金を遺産相続する際は、遺産分割協議書や銀行や郵便局に提出する書類に、相続人それぞれの署名が必要になりますが、認知症の父は、とても自分で署名できる状態ではありませんでした。印鑑登録証明書を取得する必要もありますが、自分で役所に行くこともできません。インターネットで調べると、「自分で署名できないと遺産相続は難しい」と書かれていました。

さらに大きな問題が立ちはだかります。母が他界すると、姉と私は、父の介護施設を契約することに決めます。しかし、介護施設を探す段階になって、複数の人に言われたのが「介護施設の契約は、たとえ子どもでもできないのでは？」ということでした。

ある司法書士に、このことについて聞くと「代理人として契約できるのは、法定代理人と任意代理人のみで、任意代理人は本人から委任を受ける必要があります。認知症などで判断能力が衰えた場合は、法定代理人を立てる必要がある。親族が契約しても、それは無権代理で無効になります」とのことでした。父の介護施設の契約はどうしたらいいのか。私は途方に暮れたのでした。

「救いの神」に思えた「成年後見制度」

母が末期がんになり、父の認知症が明らかになったとき、私に突然襲いかかってきた「お金問題」。そして、子どもであっても、介護施設の契約はできないという法律上のルール。このまま介護施設の契約ができなければ、父は私の家に連れてくるしかありません。夫婦共稼ぎの私たちに、はたして父の面倒を見ることはできるのか？　あるいは、遺産相続はずっとできないままなのか。父のメインバンクの預貯金は、また正当な理由をつけて、面談し、引き出しを認めてもらわなければいけないのか。

このままでは事態は進展しないため、母のメインバンクに「遺産相続をしたいのですが」と、直接問い合わせをしてみました。父が認知症であることを正直に伝えると、予想どおり「相続人の方の署名がないと……」との答えが返ってきました。しかし、それに続けて「成年後見人を立てれば、遺産相続はできます」と言うではありませんか。「成年後見人」という言葉は、銀行で、父のメインバンクの定期預金の解約について尋ねたときにも、耳にしていました。「定期預金の解約は、ご本人様でないと不可能です。

委任状があれば対応も可能ですが、それができないとなれば厳しい。しかし、成年後見人を立てていただけたら、対応は可能です」と――。あるいは、普通預金の引き出しを直訴しているときも「成年後見人になっていただければ」と言われていました。

しかし、そのときは、初めて耳にする言葉ですし、なんだか難しそうで、自分にはとても使いこなせそうもないと、右から左へと聞き流していました。

私が「その成年後見人というのを立てれば、父が認知症でも、遺産相続はできるんですか？」と聞くと、電話の向こうの行員は「はい。問題なくできます」と言います。電話を終えた後、そのメインバンクのサイトにアクセスし、遺産相続のコンテンツを見ると、そこにも「成年後見人」というキーワードが載っていました。

すぐに私は成年後見人に関する本を購入します。そこには、私が直面していた「お金問題」のすべてが解決できると書かれていました。さらに！「本人に代わって施設への入所契約を締結することができます」とまで書かれていたのです。

私の目の前に立ちはだかっていた、さまざまな問題は、成年後見人を立てること――つまり、私が成年後見人になれば解決できる――。切羽詰まっていた私は、この制度は私のためにあるようなものだと思いました。そして、成年後見人になることを決意したのでした。

そして、私が父の成年後見人になって、4年の歳月が経過しました。

今、私が強く思っているのは、成年後見人になるかどうかは、もっと慎重に決めるべきであったということです。今後、さらなる超高齢社会を迎えるなか、成年後見制度の必要性は高まっていくでしょう。しかし、私に関していえば、認知症の親の成年後見人にならなければよかった——そうした後悔の念しかありません。

私が危惧するのは、認知症を患う高齢者が増えている今、私のような状況に陥り、早まってこの制度を使ってしまう人が出てきてしまうのではないかということです。ここではっきり伝えておきたいのは、成年後見人に一度なれば、後見を受ける人が亡くなるまで、やめることはできないということです。

本書では、成年後見制度について、私自身の実体験をもとに、多くの専門家への取材も重ねながら、見て感じたことを包み隠さず、伝えています。どうかみなさん、間違った選択だけはしないでください。

第3章　問題だらけの成年後見制度

第1章

「成年後見人」って何なんだ？

判断能力が衰えた人を支援する「成年後見制度」

認知症や知的障害、精神障害などになると、判断能力が衰えるため、預貯金の管理や各種契約を行うことが難しくなります。そうした人を、家庭裁判所の監督のもと、支援する制度が「成年後見制度」です。

成年後見制度は、判断能力がすでに不十分な人を支援する「法定後見制度」と、現時点では判断能力は十分あるものの、将来に備えて、特定の人を「もし自分の判断能力が不十分になったら、この人を後見人にしてください」と、あらかじめ契約をしておく「任意後見制度」の2つに分かれます。ここでは法定後見制度について、触れていきます（任意後見制度については71～73ページで触れます）。

法定後見制度は、本人の判断能力の度合いに応じて、3つの類型に分かれます。症状が軽ければ「補助」、次の段階は「保佐」、一番重い段階で「後見」となります。品川成年後見センターのパンフレットには、「補助」について「重要な財産行為は、誰かに援助してもらう必要があります。物忘れがあり、本人にもその自覚があります」と書かれ

成年後見制度とは

法定後見制度

判断能力がすでに不十分な人を保護・支援するもので、本人の判断能力に応じて以下の３つの中から指定される

後見	本人の判断能力が常に欠けている人（重度）
保佐	判断能力が著しく不十分な人（中等度）
補助	判断能力が不十分な人（軽度）

任意後見制度

現在は判断能力が十分だが、将来に備え「将来判断能力が不十分になったらこの人を後見にする」という公正証書を作成して契約を結ぶ

ています。

「保佐」は「日常的な買い物はできますが、重要な財産行為はできません。本人が自覚しない物忘れが、しばしばあります」。「後見」は「日常的な買い物も自分ではできません。重度の認知症で、常に介護が必要な状態です」となっています。

そして、これらの類型に応じて、本人を支援していくのが、成年後見人（後見）、保佐人（保佐）、補助人（補助）と呼ばれる人々です。

私の父のように、明らかに認知症の症状がある場合は、財産に関するすべての法律行為を代理でできる「後見」を選ぶのが基本になります。その父を支援するのが、成年後見人というわけです。

成年後見人が「できること」

では、成年後見人等になると、何ができるようになるのでしょうか。まずは、この制度の中心といえる成年後見人について見ていくことにします。

成年後見人になると、「日常生活に関する行為を除く」すべての法律行為（財産管理や身上監護）を、本人に代わってしたり、必要に応じて取り消したりすることができます。財産管理とは、預貯金や現金、不動産など本人の財産の管理や、施設利用料、入院費の支払いなど、本人の日常の生活費の管理を行っていくこと。つまり、成年後見人は本人の代理人として、銀行から預金を下ろしたり、それで各種支払いをしたり、土地や家を売ったりできるということです。

一方、身上監護とは、介護契約や施設入所契約の締結など、本人の生活や看護に関する支援を行っていくことを言います。

私が「日常生活に関する行為を除く」の部分に、カギカッコを付けたのは、これこそが成年後見制度の基本理念にあたるからです。この制度では「自己決定権の尊重」「残

成年後見人の基本理念

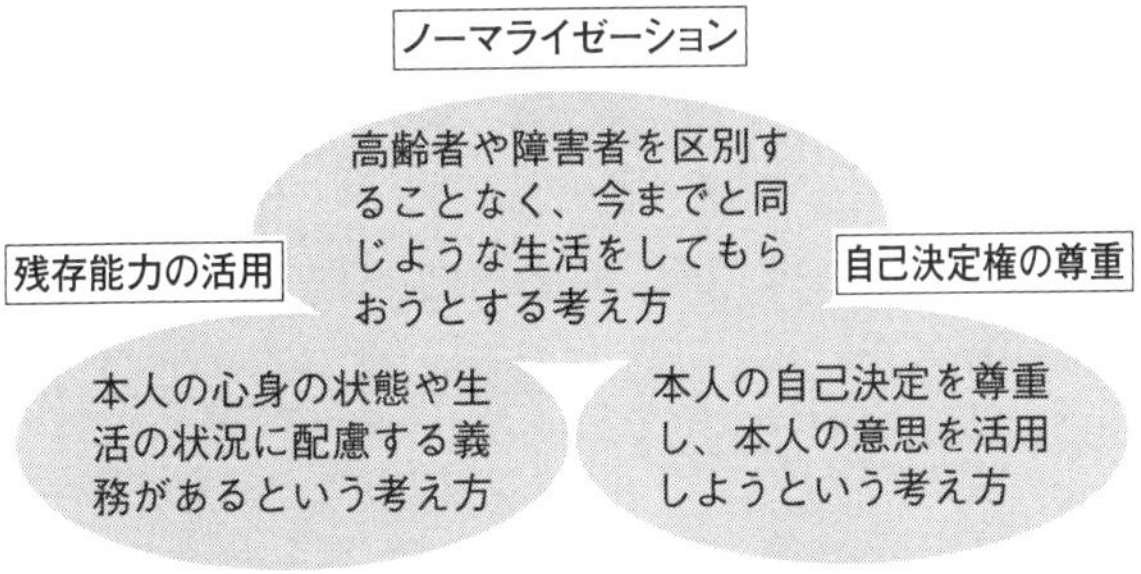
ノーマライゼーション
高齢者や障害者を区別することなく、今までと同じような生活をしてもらおうとする考え方
残存能力の活用
本人の心身の状態や生活の状況に配慮する義務があるという考え方
自己決定権の尊重
本人の自己決定を尊重し、本人の意思を活用しようという考え方

成年後見制度利用者数の推移

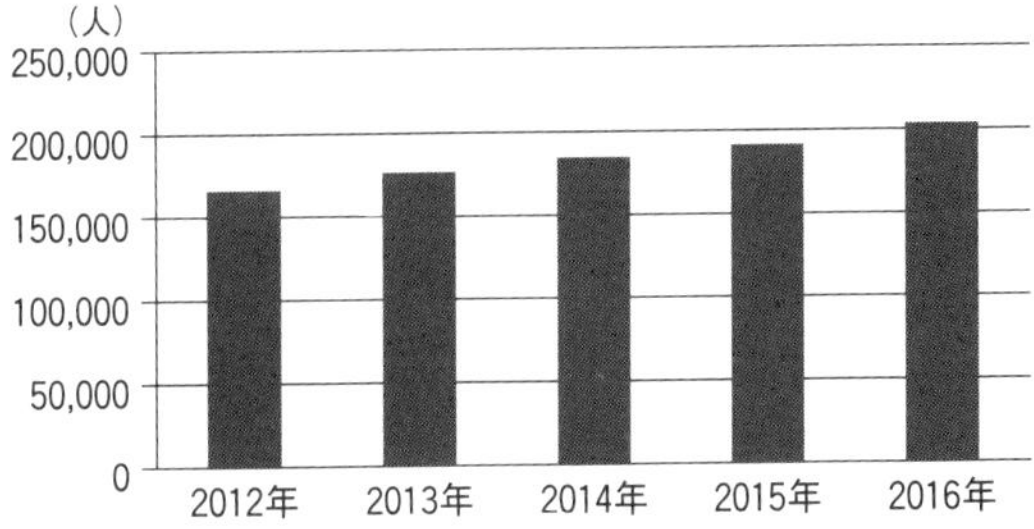
（人）
250,000
200,000
150,000
100,000
50,000
0
2012年
2013年
2014年
2015年
2016年

※最高裁判所事務総局家庭局「成年後見関係事件の概況」（2017年）より

存能力の活用」「ノーマライゼーション（障害のある人も家庭や地域で特別視しない）」の３つを基本理念として掲げています。

簡単に言えば、本人に残っている意思や能力を、できる限り活用し、その意思や能力を尊重していこうというものです。

それゆえ、成年後見

人が付いても、スーパーでお刺身を買ったり、デパートで洋服を買ったりする日常生活に関する行為は、本人が自由にすることができるのです。

勘違いしてはいけないのは、この3つの基本理念は「日常生活に関する行為」だけにとどまらないという点です。あらゆる財産管理も身上監護について、この3つの基本理念を念頭に置きながら行うことが必要だと定められているのです。

私は父の認知症によって、親のメインバンクからの預金引き出しや定期預金や貸金庫の解約が難しくなりました。また、母の死去に伴い、遺産相続の必要も生じましたが、父が自ら署名できないなどの理由で、進めることができなくなりました。施設の入所契約も、周囲から「たとえ子どもでもできない」と言われ、無理だと思いこみました。しかし、成年後見人の制度を使えば、それらはすべてクリアになるということなのです。

家庭裁判所で「申立て」をすることに……

成年後見制度を利用するには、親の住むエリアを管轄する家庭裁判所に、成年後見人等選任申立てを行うのが、はじめの一歩になります。私の親の住所は、埼玉県所沢市。管轄の家庭裁判所は「さいたま家庭裁判所川越支部」でした。

申立てができる人は、法律で決まっており、本人や配偶者、４親等内の親族、検察官、市区町村長など。つまり、認知症の父の息子＝４親等内の親族である私は、申立てをすることができます。最高裁判所事務総局家庭局の調べによると、２０１７年１月〜12月で、申立人は、本人の子どもが最も多く、全体の約27・２％となっています。次いで市区町村長（約19・８％）、本人（約14・２％）の順です。

「後見開始申立書」には、誰を成年後見人にするのか、その「候補者」を記入する欄があります。「『申立人＝成年後見人』ではないの？」と思った人もいるのではない

成年後見人申立ての件数（2017年）

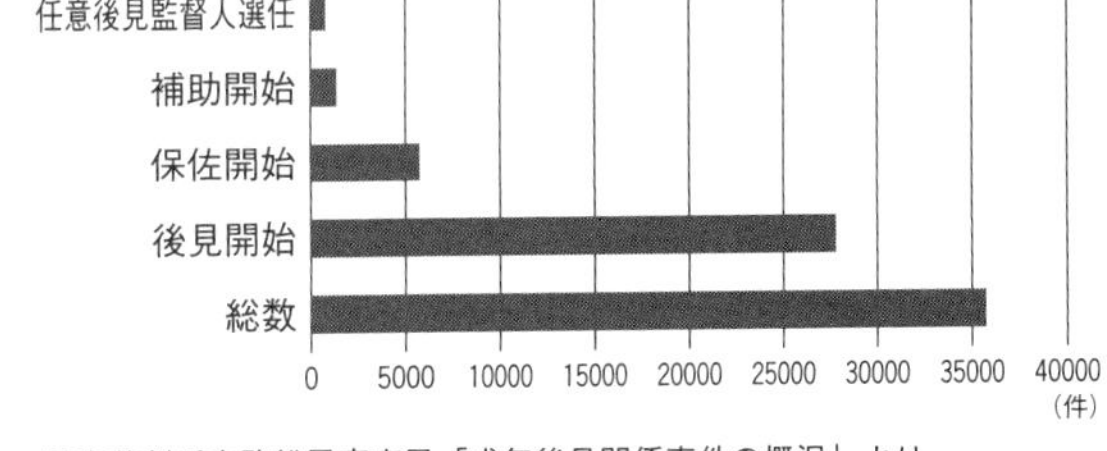

※最高裁判所事務総局家庭局「成年後見関係事件の概況」より

申立人と本人との関係

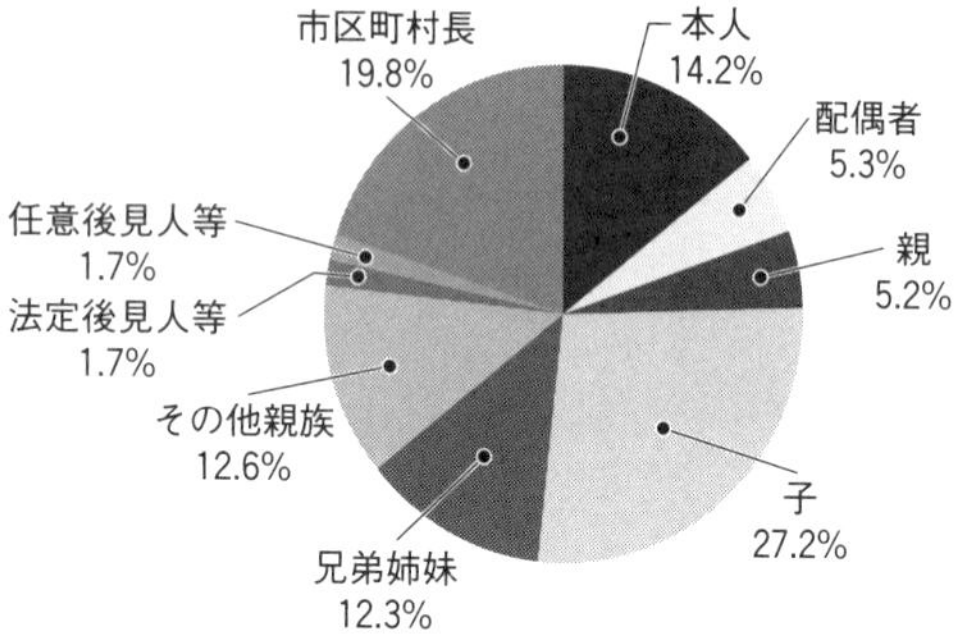

※最高裁判所事務総局家庭局「成年後見関係事件の概況」（2017年）より

申立ての動機

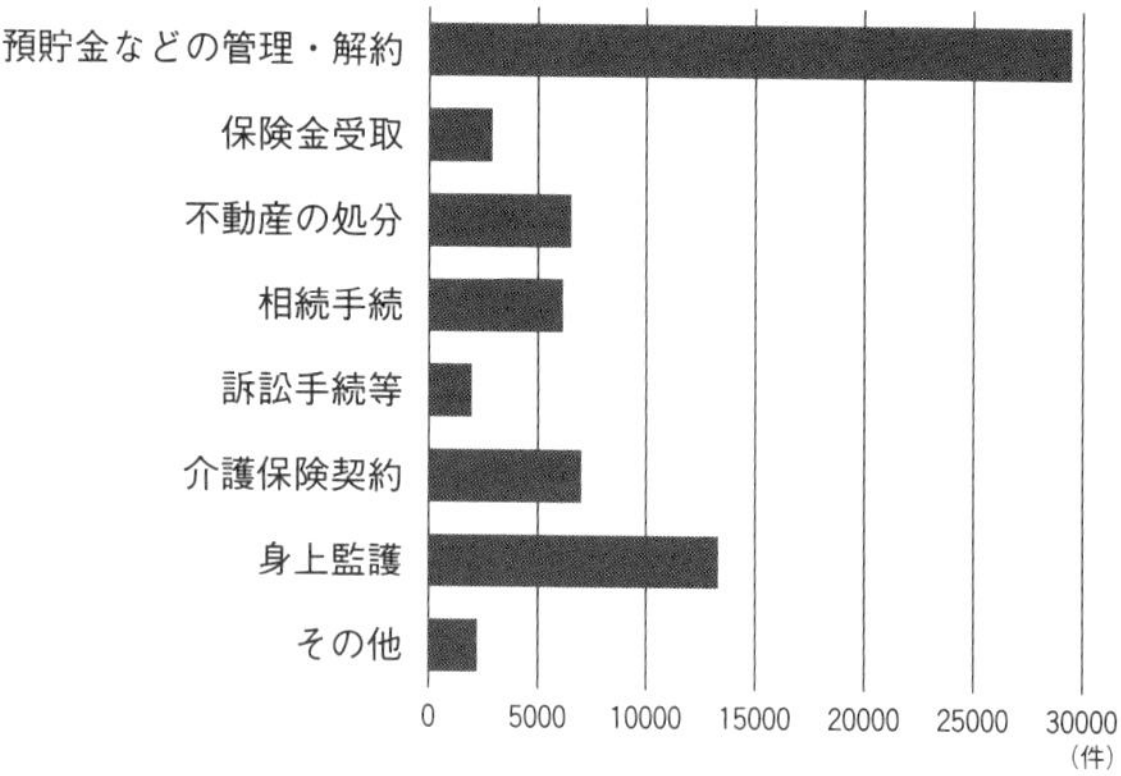

※最高裁判所事務総局家庭局「成年後見関係事件の概況」（2017年）より

後見開始申立書

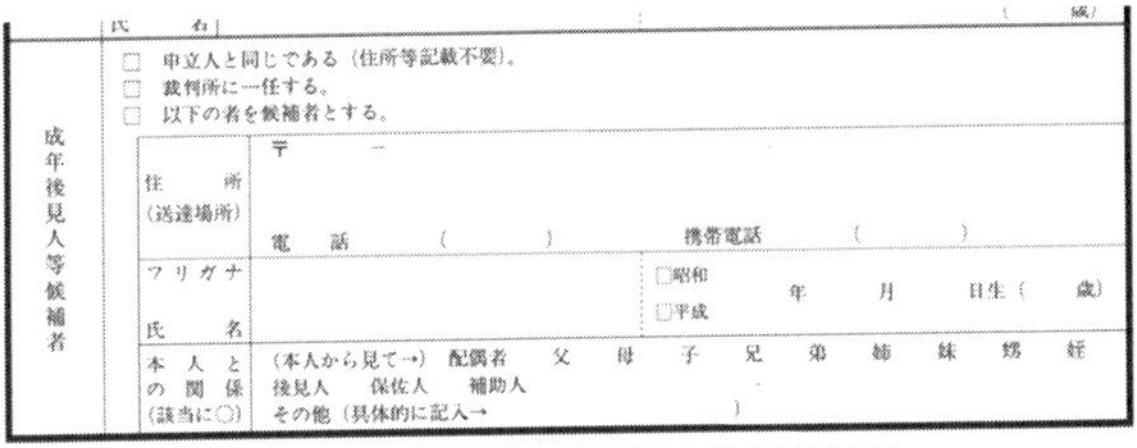
氏　　名　（　　歳）

成年後見人等候補者

□　申立人と同じである（住所等記載不要）。
□　裁判所に一任する。
□　以下の者を候補者とする。

住　　所（送達場所）　〒　　－
電　話　（　　）　携帯電話　（　　）

フリガナ
氏　　名　□昭和　□平成　年　月　日生（　歳）

本人との関係（該当に○）　（本人から見て→）配偶者　父　母　子　兄　弟　姉　妹　甥　姪
後見人　保佐人　補助人
その他（具体的に記入→　）

成年後見人等選任申立ての「申立書」。候補者を書く欄がある。

でしょうか。そうなのです。申立人が候補者になるとは限らないのです。

では、誰を候補者にできるのでしょうか。実は、後見人になるための資格はなく、未成年者、過去に罪を犯した者など一部を除いて、誰でも候補者に立てることができます。もちろん、申立人その人を候補者とすることもできます。つまり、父の子どもである私が「申立人」になり、「候補者」の欄に、私の名前を書いてもよいわけです。私のケースでは、私が「申立人」になり、私自身を「候補者」としました。

しかし、ここが重要なポイントなのですが、申立人が「候補者」を立てても、それは、あくまでも候補者にすぎません。最終的に決めるのは、家庭裁判所であり、候補者が必ず、成年後見人に選任されるとは限らないのです。

子どもや配偶者が後見人に選ばれるとは限らない

家庭裁判所では、中立人が推薦する候補者が適任かどうか判断することから始めますが、その結果、不適任と判断すれば、ほかの人が選ばれます。ここでいうほかの人とは、弁護士や司法書士、社会福祉士などです。彼らを専門職後見人といいます。このほか、社会福祉協議会といった法人や一般市民による市民後見人が選ばれる場合もあります。

この制度ができた当初（２０００年）は、親族が選ばれる割合は9割を超えていましたが、17年の統計を見ると、親族は3割弱で、親族以外の第三者が7割を超えています。

さらに、配偶者や子どもが後見人に選ばれたとしても、家庭裁判所が成年後見人だけでは心配だと判断した場合は、成年後見人を監督する成年後見監督人が付くケースがあります。これは「保佐」や「補助」の場合も同じで、補佐監督人、補助監督人が付くこともあります。中立人や成年後見人が「いや、いりません」と言っても、付きます。

また、成年被後見人の財産のうち、流動財産（金融機関の預貯金など）が多い場合は、日常的に使う預貯金だけを、これまでの金融機関の口座に残し、残りを信託銀行等に預ける「後見制度支援信託」の利用を促されることもあります。この場合は、候補者が成年後見人になり、成年後見監督人は付きません。

最近では、申立ての面談時に、この制度の利用を勧められるケースが多くなっています。成年後見の手続きを代行している司法書士に話を聞いたところ「東京の家庭裁判所では、専門職後見人ではなく、親族を後見人に選任すると判断した場合、被後見人の預貯金が５００万円を超えるケースでは、ほぼ１００％、面談時に『後見制度支援信託を使うか、成年後見監督人を立てるか』の二者択一を迫られます」とのことです。

ここであらためて、子どもを親の成年後見人の「候補者」にした場合、実際には、どんな人が成年後見人に選ばれるか、整理してみましょう。

①子どもが親の成年後見人になるケース

一番シンプルな形で、子どもが、親に代わって財産管理と身上監護を行い、裁判所の求めに応じて、後見事務に関する報告書を提出します。ただしこのケースは少なくなっています。それについては後で詳しく書きます。

②子どもが親の成年後見人となり、成年後見監督人が付くケース

子どもが、親に代わって財産管理と身上監護を行いますが、そのすべてについて、成年後見監督人のチェックを受けます。裁判所に提出する後見事務に関する報告書は、成年後見人がまとめた書類をもとに、成年後見監督人が整理し、提出します。

③弁護士や司法書士などが成年後見人になるケース

専門職後見人が、親に代わって財産管理と身上監護を行い、裁判所の求めに応じて、後見事務に関する報告書を提出します。子どもは親の財産にタッチできなくなります。

④子どもが親の成年後見人となり、後見制度支援信託を利用するケース

親の財産のうち、日常的に使う預貯金だけを、これまでの金融機関の口座に残し、残りを信託銀行等に預けます。日常的に使う預貯金をもとに、子どもが親に代わって財

産管理や身上監護を行い、裁判所の求めに応じて、後見事務に関する報告書を提出します。スタート時は②で、その後、④に変更になることもあります。

「監督人付きの後見人」になって一件落着？

私の場合は、私自身が成年後見人に選任されましたが、司法書士の成年後見監督人が付くことになりました。つまり、②ということになります。そして選任から1年後（2015年4月頃）、家庭裁判所から後見制度支援信託の利用を強く勧められ利用することになり、その時点で、成年後見監督人が外れ、現在は④のケースになっています。

では、成年後見制度を使ったことで、どうなったのか。ここでは、結果だけを紹介することにします。まず、父のメインバンクからの預金引き出しは、金融機関に後見人の届け出をしたことで、私が使用できるキャッシュカードを持つことができました。懸案事項だった、父の定期預金も貸金庫も解約できました。遺産相続についても、無事行うことができました。介護施設へも無事に入所できました。

ここまで読んだ方は、「万事無事に済んでよかった!」と、きっと思うことでしょう。実際、私が苦悩を打ち明けていた友人は、私が使用できる父のメインバンクのキャッシュカードを目にしたとき「よかったねー」と喜んでくれました。

しかし、私だけは違いました。成年後見人になってすぐに「成年後見制度を使ってはいけなかったのでは……」と、深い後悔の念を抱くことになったのです。

第2章

成年後見人になると、悲劇が始まった!

「いらない」と思っても付けられる「監督人」

２０１４年４月、父の成年後見人になるべく、成年後見人等選任申立てを行った私のもとに、１か月後、「審判書」が届きます。そこには、申立人（私）が、父の成年後見人に選任されたことが書かれていました。さらに、そこには「成年後見監督人」が付くこととあり、埼玉県所沢市に事務所を構える司法書士の名前が書かれていました。

成年後見人等選任申立てを行った際、その面談中に、成年後見人の職務を監督する成年後見監督人が付く可能性があるということは、手渡された確認書に書かれていましたが、その場で、詳しい説明を受けることはありませんでした。それゆえに私は「まあ、そういうケースは稀なんだろう」と解釈していました。申立人自身が病気であるとか、子ども同士がもめているとか……そうした場合に限り監督人が付くのだろう、という程度の認識でした。

それだけに、私に成年後見監督人が付いたのは、正直、驚きでしたが、「確かに、確認書には書いてあったからなあ」と、諦めざるを得ませんでした。

とはいえ、成年後見人になった当初、成年後見監督人にはいろいろ助けてもらいました。成年後見人に選任されると、最初の仕事として、財産を調査した上で、財産目録を作ったり、年間の収支計画を作ったりして、家庭裁判所に報告をする必要があります。成年後見監督人が付いている場合は、その監督人経由で、家庭裁判所に報告することになります。私は、銀行通帳のコピーの取り方からわからないことだらけで、その都度、監督人になった司法書士からいろいろアドバイスをもらいました。

「監督人」の報酬がなんと年間24万円

そうしたメリットは確かにあるのですが、では、こうしたアドバイスや書類作成などが無料なのかと言えば、そんなことがあるはずもありません。

成年後見監督人は、そのほとんどが、司法書士や弁護士といった〝サムライ業〟の人たちです。そうなのです。彼らに支払う「報酬」という大きな問題が生じるのです。

前述の確認書には「家庭裁判所が成年後見監督人に対して報酬の付与の審判をした場

合は、本人の財産の中からその報酬額を成年後見監督人に支払う」とあります。しかし、そこに明確な金額は書かれていませんでした。

後日、私の監督人に決まった司法書士に初めて会った際、「報酬額はいくらなんでしょうか?」と聞きました。すると「正確な金額はわからないんですよ」との答え。これには理由があります。成年後見人や成年後見監督人の報酬額は、法律で「いくら」と決まっているわけではなく、「裁判官が案件ごとに決める」という建前があるからです。その司法書士は、私にそうした事情を述べた上で「おそらく月額1~2万円の範囲内かと思います」と教えてくれました。

後述しますが申立てをしたときの面談で、私は、成年後見人の役割は「本人(父)の財産の管理をしっかりする」ことだと認識しました。だからこそ毎年12~24万円ずつ、父の財産が減っていく事実は、納得のいくものではありませんでした。

成年後見人になってから1年が経過したとき、ようやく家庭裁判所から、成年後見監督人に対して「月額報酬は月2万円とする」との通達が来ました。それを知らされた私は仕方なく父の口座から1年ぶんの24万円を支払う手続きを行いました。

この支払いを終えたとき、私は「親父はあと何年生きるのだろうか」と考えました。5年かな。いや、まだ認知症は初期の段階であるから、あと10年はきっと生きてくれる。その間、画期的な治療法が見つかれば、もっと延びる可能性もあるだろう。ということは……。認知症になったとはいえ父にはできるだけ長生きしてほしいと思っています。しかし、10年でも報酬額は２４０万円、20年なら４８０万円。それに気づいた私は愕然としました。

なお、親族である私自身が監督人なしで後見人に指定された場合は、私が報酬を受け取ることもできます。しかし実際には無報酬で成年後見人を務めている親族のほうが多いようです。

申立て費用を父のお金で支払ってはいけない

２０１４年４月に成年後見人等選任申立てを行ったとき、参与員と呼ばれる非常勤の家庭裁判所職員と面談しました。担当者とのやりとりの中で、私は成年後見人の「役割」

について間違った解釈をしていたことに気づきます。

成年後見人は、日常生活に関する行為を除くすべての法律行為（財産管理や身上監護）を、本人に代わって行うわけですが、この財産管理について、私は「成年後見人は、正しい理由があれば、家族のためにお金を使ってよい」という意味だと考えていました。例えば、父が「おまえたちが使っていいよ」「これを買ってもいいよ」と言ったときなどです。しかし、それは大きな間違いでした。

面談中、こんなやりとりがありました。

申立てをするには、父の「財産目録」や「収支状況報告書」の提出が必要で、父のメインバンクの記帳記録のコピーも添えなければいけません。

その中で、父の通帳記録に印字されていた「1月○日　100万円」の支出について、担当者から内訳の説明を求められたのです。このお金は、私が銀行に直談判して「当面の費用」ということで、やっとの思いで引き出したものです。母の入院費、さらに葬儀費用などに使いました、と答えると、参与員に「では余ったお金は、必ず戻しておいてください」と言われ、さらに「今後、もしあなたが後見人に選任された場合は、このような引き出しは慎重に行う必要があります」と言われました。

さらに「必ずお読みください」と書かれた1枚の紙を渡されたのですが、そこには「申立てにかかる費用はすべて、申立人負担になり、本人の財産からは支出できません。すでに本人財産から支出している場合には本人口座に返金してください」と書かれていました。この文句に私は思わず「マジ？」と呟いてしまいました。だって、私が成年後見人になるのは父のためなのですから。それなのに、どうして私自身のお金を出さなければいけないんだろうか、と首をかしげたのです。担当者に聞くと「申立てはご本人の意思ではありませんから」とのこと。父が自分で申し立てていないのだから、申し立てた私の負担だということです。

こうしたやりとりを通じて、やっと私は、「成年後見人になれば、本人の財産を家族のためにも使えるようになる」といった考えがまったくの誤りだったことに気づきました。成年後見人の「役目」とは、あくまでも、「本人の財産を守る」ことなのだ、と、この時点で初めて認識したのです。

本人の意思に基づくことでも、裁判所は支出を認めてくれない

しかし、その一方で「そうは言っても、本人の意思に基づくことであれば、親のお金が一切使えなくなるわけではないだろう」と考えている節もありました。しかし、これまた大きな間違いでした。

母の死後、民間の介護施設に入居した父が少しずつ元気を取り戻したとき、私は姉と「親父がしたいと思うことは、存分にやらせてあげよう」と話し合いました。

例えば、父はお酒が大好きなのですが、施設では、ビール一滴飲むことはできません。ですから、父が「ビール飲みたいなあ」と言ったときは、みんなで近くの飲食店に行くようにしていました。

そんなある日（2014年8月）のことです。父と私、私の妻、姉夫婦の5人で楽しく食事をしていると、父が「今日は俺がおごるよ」と言ったのです。父の認知症の症状は、腰の圧迫骨折で入院していた頃よりも、だいぶ持ち直しており、普通の会話が成り立つことも多くありました。認知症というのは、ある日突然何もかもわからなくなる、

などというものではありません。少しずつ症状が進行することは確かですが、日によってはかなり普通に家族との会話ができるときがあったり、状況を理解して意思をはっきり伝えられるときもあります。

父はそのとき、自分の息子や娘の家族と食事を楽しんでいることをもちろん理解しており、「今日の食事代は俺がおごるよ」と言ってくれたのです。

「ビール美味しいなあ。おかわり、いい？」とも言っていました。

父の「おごるよ」という言葉は、彼の本心だったと思います。そこで私たちは、「じゃあ、今回は甘えるよ」と、父におごってもらうことにして、家族５人分の食事代を父の貯金から支払わせてもらったのです。領収書ももらいました。

さて、成年後見人の日々の業務は、本人に代わって「財産管理」と「身上監護」を行うこと。財産管理とは、父の財産の支出と入金をしっかり管理していくことです。

そして、基本的に1年に1度、家庭裁判所に報告書を提出しなくてはなりません。私の場合は、成年後見監督人が付いていたため、まずは家庭裁判所から監督人に対して「報告書を提出するように」と命令が下され、監督人から私に連絡が入り、私が報告書を作成し、監督人に提出しました。監督人からＯＫが出れば、監督人を通じて家庭裁判所に提出されます。

金融機関の通帳に印字される水道光熱費や施設利用料などについては、領収書を添える必要はありませんが、ＡＴＭなどから引き出したお金については、何のための支出かわからないため、さらに初めての報告書ということもあり、全額分の領収書を添える必要がありました。

何度かやりとりを通じて、無事に監督人からはＯＫをもらったのですが、その後、その監督人から「修正してほしいことがある」という連絡が入りました。それは、父が「俺がおごるよ」と言った５人分の飲食代についてでした。領収書に記載された金額は２万円程度。これについて、家庭裁判所から「これは？」という指摘が入ったのです。

飲食代の金額が高いことを指摘されたのかと思ったので、私は監督人に次のような説明をしました。父は認知症のため、お店選びは慎重に行う必要があります。注意力が散漫になっているため、にぎやかな店は避けなければなりませんし、トイレはバリアフリーである必要があります。そうして絞り込んでいくと、どうしても単価がある程度高い店を選ばざるを得ないのです。こうしたことを説明すると監督人は、「家庭裁判所が問題にしているのは、金額ではありません。この金額は、お父様おひとりで使ったものなのかということです」と言います。

認められたのは父の飲食代だけだった

私は「父が『今日は俺がおごるよ』と言ってくれたので、その意思を尊重して、家族５人分の金額を記した領収書をもらい、提出しました」と答えました。しかし、監督人が「それを裁判所に認めてもらうのは難しい」と言うではありませんか。結局、領収書の金額を５人で割り、父の分以外を父の口座に戻し、それでＯＫとなりました。

その後、私の成年後見監督人にあらためて当時の話を聞いたところ、「最初は裁判所から、本人が食べた分も含めて全額戻せという話だった」と打ち明けてくれました。「父親が自分の意思でお店に行ったとは考えにくい」ということなのでしょう。しかし、このことについては、監督人が家庭裁判所と掛け合ってくれたため「父親１人分であれば

OK」となったのだそうです。

この出来事があって以降も、父は何度も「俺がおごる」と言ってくれました。しかし、現時点（2018年）では、認知症の症状も進んでおり、そうした言葉はなくなりました。それだけに、父の「俺がおごる」という気持ちは、かなえてあげたかったと、今でも強く思います。

年間110万円の「暦年贈与」はできるのか？

母がまだ元気だった2013年4月頃、私は母と「相続税対策」について、少し話をしたことがありました。ちょうどその時期、「15年から相続税の基礎控除額が大幅に引き下げられる」というニュースが流れており、母と「念のために、相続税対策をしておこうか」と話したのです。

相続税とは親が亡くなった後、その親の財産を引き継ぐ際に、発生する可能性のある税金のこと。「発生する可能性がある」と書いたのは、相続税には基礎控除額があり、この額を下回ると、相続税は発生しないからです。

この基礎控除額は、これまで何度か改正されてきました。１９８７年までは、法定相続人が３人（配偶者、子ども２人）の場合で、基礎控除額は３２００万円でした。しかし、バブル景気による地価の高騰で、相続税が支払えないケースが多発したことで、基礎控除額の見直しが図られ、88年には６４００万円、その後、94年以降は８０００万円となり、それがずっと続いていました。

しかし、この基礎控除額が、15年に大幅に引き下げられ、４８００万円となったのです。この基礎控除額の計算式は「定額控除３０００万円＋法定相続人控除６００万円×法定相続人数」となります。

例えば、親の財産（正確には、評価額に計算し直す）が７０００万円で、法定相続人が３人（配偶者と子ども２人）の場合、この家の相続税額は約１１３万円になります。ちなみに、15年以前であれば、ゼロでした。

東京国税局（東京都・神奈川県・千葉県・山梨県を管轄）の相続税の課税割合は、改正前は６～７％程度で推移していましたが、改正後の15年は、12・７％と倍増しました。

東京都に絞ると、その課税割合は15・7％となっています。

相続税は15年の法改正で、より身近な存在になってきました。専門家の中には「国の財政難を見ると、今後さらに引き下げられることもある」との見解を示す人もいます。こうした状況下、私たちがすべきことは、相続税がなるべくゼロになるように、しっかり相続税対策を行うことだ、ということになります。

では、具体的にはどのような相続税対策を行うべきなのか。「一気に贈与してしまえばよいのでは？」と、思うかもしれませんが、そうすると贈与税が発生します。この贈与税は、ほかの税金に比べて非常に高く、１０００万円を一度に贈与すると、税額は２３１万円です。

そこで勧められているのが「暦年贈与」です。暦年贈与とは、１年間に贈与を受けた金額が１１０万円以下であれば、贈与税が発生しない制度のこと。この暦年贈与を毎年行うことで、親の財産の総額を減らし、相続税が発生しないようにするわけです。

私は、生前の母と、この暦年贈与を始めようかと話していたのです。父も、そのことに賛成してくれていました。ところが始める前に、母が末期がんとなり、それどころではなくなってしまいました。

後見人を立てると相続税対策は一切できない

母の死後、私が父の成年後見人になったとき、私は姉に「暦年贈与を始めようと思う」と、伝えました。生前の母との会話を思い出したのです。この時点で私は「父の成年後見人になったのだから、母と父の意思である暦年贈与は実行できるはず！」と思いこんでいました。

しかし、です。私の成年後見監督人に「生前贈与を行いたい」と話したところ、「生前贈与に限らず、相続税対策は一切できません」と、はっきり言われました。

私は、こう言い返しました。

「だって、成年後見人の役割は、本人の財産を守ることでしょう？　相続税対策によって支出を抑えることは、本人の財産を守ることにつながるのではありませんか？　母親とは暦年贈与をする約束を交わしていたし、父も納得していました」

しかし、私のそんな言い分は一切通用しませんでした。

私の成年後見監督人になった司法書士は、その後の取材で「相続税対策というのは、今ご存命の本人のためのものではありません。ご本人が亡くなった後に残された相続人のためのものです。つまり、成年後見制度とはまったく法律の立ち位置が違うんです」と、その理由を説明してくれました。

では、父の成年後見人になる前から、暦年贈与をしていた場合は、どうなるのでしょうか。結論を言うと「打ち切り」になります。「え?」と思いませんか? 私は、この事実を知ったとき、かなり驚きました。

実は、私のように、相続税対策ができないことに大きな戸惑いを覚える家族は多い、と私の成年後見監督人だった司法書士は話します。

「成年後見人は、親の財産を管理するため『成年後見人＝相続税対策』だと誤解して、相談に訪れるご家族の方は、本当にたくさんいらっしゃいます。特に資産家の家族であれば、相続税対策は必ず行う必要があります。こうしたご家族には『後見人を立てると、相続税対策は一切できなくなりますよ』とご説明して、ほかの方法を選んだほうがよいとアドバイスしています」

私が生前の母と、相続税対策をしようと話し合ったのは、２０１５年から基礎控除額が下がることをニュースで知ったからでした。母の死後、父の財産を計算すると、十数万円ではありますが、相続税が発生することが判明しました。今後さらに基礎控除額が下がったら、もっと多額の相続税が発生することになるでしょう。

しかし、私はもはや、一切の相続税対策を行うことができないのです。

本人が「いらない」と言っていても相続放棄はできない

母が死去すると、父の財産とは別に、母の遺産を相続する必要が出てきました。母が生前仕事でコツコツ貯めた貯金です。以前、まだ元気だった母から「私のお金には一切手を付けていないから、いつか2人（私と姉）で分けなさいね」と言われたときは、本当にびっくりしたものでした。私が結婚したときは、妻に向かって「英太郎（筆者）の代わりに、あなたが受け取りなさいね」と笑いながら話していたこともありました。母の死後、彼女の通帳には、本当に預金引き出しの痕跡が一切なく、それを見たときは、何とも言えない気持ちになりました。

これこそが母の「遺言」だったのだと思ったものでした。

母の遺産について、父ははっきりと私に「俺はいらない」と言いました。母が子どもたちのためにコツコツ貯金していてくれていたことを、父は覚えていたのだと思います。

親が亡くなると、その親が所有していた財産は、配偶者や子どもが相続することになります。この遺産相続は、民法上のルールでは「配偶者と子ども2人」の場合で、配偶者が2分の1、子どもが4分の1ずつとなり、これを法定相続分と言います。しかし、これはあくまでも目安で、相続人全員が納得すれば、どのように分けても構いません。私たち家族の場合は「父がいらない」と言っていましたから、私と姉で2分の1ずつ分けても構わないはずでした。

父が認知症でなければ、家族3人の署名と実印を押した遺産分割協議書に「父は相続放棄」「姉と私で2分の1ずつ」などと記載し、私と姉で母の遺産を分割していたと思います。ちなみに、遺産分割協議書とは、被相続人の遺産について、相続人が話し合いで決めた遺産の分割内容を記載した書類のことです。

しかし、母の遺産相続の段階で、父は認知症になっており、このままでは遺産相続ができない事態に陥りました。家族の意向に沿って金融機関の預貯金を遺産相続する場合、遺産分割協議書はもちろん、銀行側が用意した書類や印鑑証明書を提出する必要があります。

当時、父は腰の圧迫骨折で入院しており、その影響もあり認知症の症状も少し悪化していました。その一方で、前述したように、母の遺産相続に対して「俺はいらない」と言うなど、はっきりしている部分もありました。しかし、「書類の内容を理解して自筆で署名すること」などは難しい状況だったのは確かでした。そこで私は、７ページで触れたように、銀行に問い合わせてみることにしたのです。すると、やはりこのままでは遺産相続は難しいこと、一方で、成年後見人を立てれば、遺産相続はできることを伝えられました。

この時点で、私は大きな勘違いをしました。金融機関の「遺産相続はできる」という言葉を私は、父の成年後見人になれば「家族の意向どおりに、遺産相続ができる」と捉えたのです。

成年後見人になった私は、成年後見監督人に「父がいらない」と言っていること、母の生前の意向であることを踏まえて「姉と私で分割します」と伝えると、「それは無理です。できるのはあくまでも、民法上のルールに従った遺産分割になります」と言われました。

その監督人いわく「判断能力が低下している認知症のお父様には、その判断はできない」とのこと。母の意向についても、その証拠がなければ難しいということでした。

後見人を立てると「家族の意向どおりの相続」も不可能

そうなのです。成年後見制度を使うと、家族の意向に沿った遺産相続はできなくなるのです。「でも、母親の遺産が、いずれ相続する父親の財産に入るだけだから大した話ではないのでは?」と思う人もいるはずです。確かに、私のケースでは、民法上のルールで分割することになっても、大きな痛手は負いません。

しかし、家族には「長男が不動産を継ぎ、次男と長女は預貯金を等分したい」など、それぞれ〝家族の事情〟が少なからずあるものです。この場合でも、成年後見制度を使えば、法定相続分に従わなければいけないのです。

家族が思い描いたプランを実行できないということは、その家族にとっては、計り知れない痛手となります。

民法上のルールに従わざるを得なくなることで、相続税対策にも大きな問題が生じます。私が父の成年後見人になったことで、相続税対策ができなくなったことは、前述のとおりです。民法上のルールに従って、母の遺産の２分の１が父の財産になるということは、それだけ父の財産が増えることになります。相続税対策ができない上に、さらなる財産の上乗せがあるということは、それだけ相続税が発生する可能性が高まるということなのです。

「後見人が相続人」だったらどうするの？

さて、もう一つ問題があります。それは「後見人自身が相続人」というケースです。実は、後見人自身が、相続人の1人の場合は、後見人が、本人に代わって、遺産相続の手続きをすることはできません。その後見人は、自分自身も相続人の1人であるために、本人の代わりを務めることはできないのです。専門書には「後見人自身の相続人の立場と、本人の後見人としての立場とで相続に関する利害が対立するから」と説明されています。後見人は本人の財産を守り亡くなったときに財産を相続人に引き渡す立場であり、相続人は亡くなった人の遺産を引き継ぐ立場です。自分が自分に遺産を渡すことはできませんよ、ということ。簡単に言えば、1人2役はNGというわけです。まさに、私がそうでした。

私の場合は、成年後見監督人の司法書士が、遺産分割に参加することになりました。監督人がいない場合には、家庭裁判所に特別代理人を選任してもらう必要があります。この特別代理人は、成年後見人が自ら申立書を作成し、相続人にあたらない親族などを候補者として、提出します。ただし、遺産が多い場合は、家庭裁判所によって、親族ではなく司法書士などの専門職後見人が選任されることもあります。この場合は、当然、報酬が発生することになり、この報酬額は数万円かかることもあります。

家族には、それぞれ事情があります。私の父が「俺はいらないよ」と言ったのは、母の思いをくみ取った上での発言だと、私は信じています。これも私の家族の事情にほかなりませんが、成年後見人になると、そうした「事情」は一切考慮されなくなるということです。

成年後見人の不正ってどういうこと？

２０１４年４月、私は認知症の父の成年後見人になり、家庭裁判所の判断で私を監督する成年後見監督人が付くことになりました。しかし今現在、私には成年後見監督人は付いていません。

15年３月に、家庭裁判所から「後見制度支援信託」という制度を勧められて、利用す

成年後見人等の不正報告件数

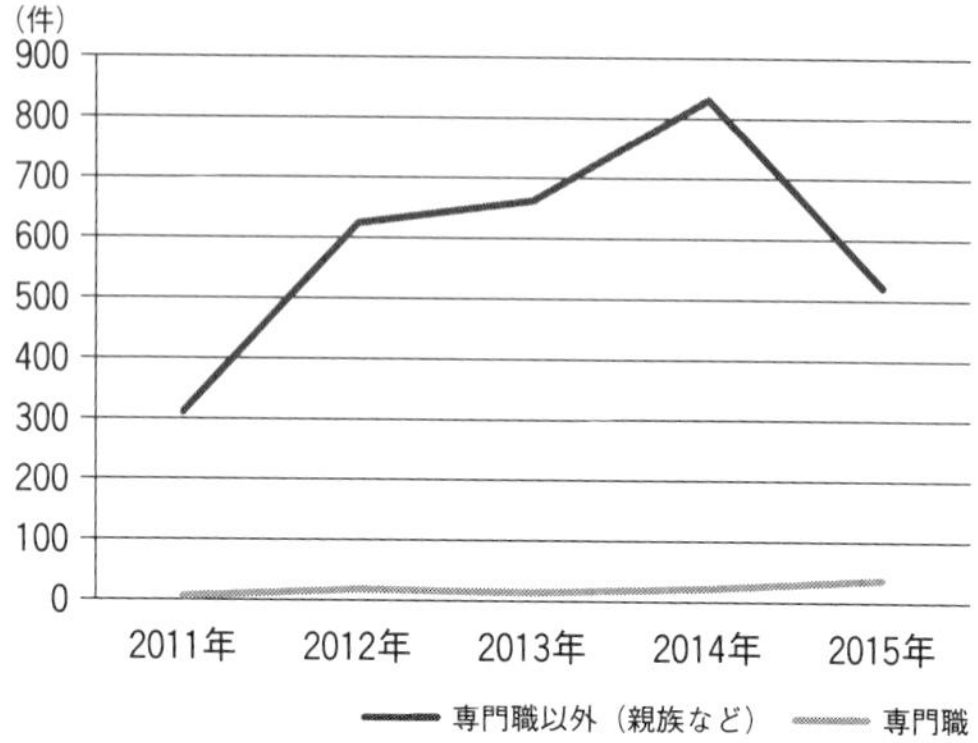

※「家庭裁判所における不正防止策の現状と今後の在り方等について」（成年後見制度利用促進委員会・2016年

ることになったからです。

　この制度は、成年後見制度による支援を受けている人の財産のうち、日常的な支払いをするのに十分な額の預貯金だけを、これまでの金融機関の口座に残し、残りは信託銀行等に預けるというものです。

　本格的に「後見制度支援信託」の構想が動き出したのは、12年。ある司法書士によると、その背景には、後見人等の不正が増加したことが挙げられるとのことです。最高裁判所の調査によると、11年の不正件数は、３１１件（約33億４０００万円）でしたが、翌12年は、６２４件

不正による被害額

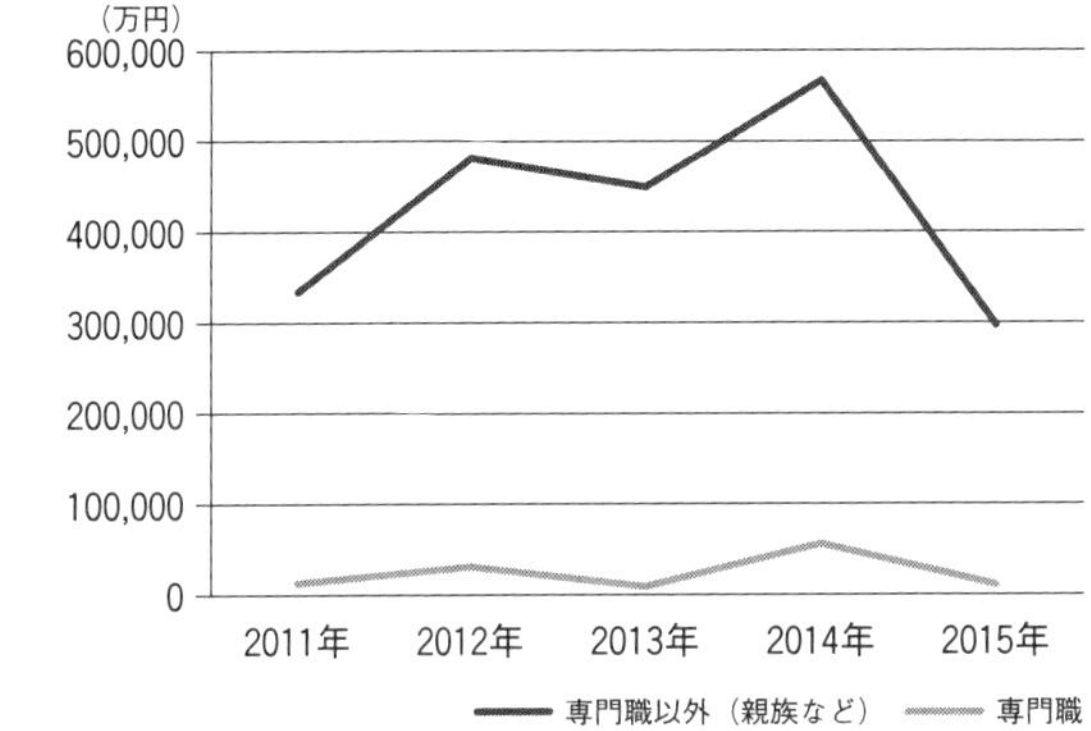

※「家庭裁判所における不正防止策の現状と今後の在り方等について」（成年後見制度利用促進委員会・2016年）

と倍増し、その被害額は約48億１０００万円となりました。13年は６６２件（約44億９０００万円）、そして14年には、過去最高の８３１件（約56億７０００万円）にまで達しました。

その不正を減らすために、まず促進されたのが、「成年後見監督人」の割合を増やすことでした。最高裁判所によると、成年後見監督人（保佐監督人、補助監督人も含む）の選任は、11年で１７５１件だったのが、12年は２２５５件、13年は２７２３件、14年は３２１３件、そして15年には、４７２２件と、増加の一途をたどっています。おそらく私に成年後見監督人が付いたのは、こうした背景があったからなのでしょう。「監督人が目を光らせているから、悪さをするなよ」というわけです。

家庭裁判所にしても、成年後見監督人を立てることで、不正に関する責任から逃れられるという側面もあると、ある司法書士は話します。成年後見人による不正を、成年後見監督人の責任にできるというわけです。

さらに家庭裁判所は、成年後見人そのものについても、弁護士や司法書士など専門職後見人の割合を増やしていきます。２０００年は親族の割合が91％でしたが、12年には49％と5割を割り込み、16年には28％にまで減りました。

こうして家庭裁判所は、成年後見監督人や専門職後見人の割合を増やしていったのですが、不正件数の推移を見ればわかるとおり、それによって不正が減っているかといえば、そうとも言い切れない部分もありました。

そこで導入に踏み切ったのが「後見制度支援信託」なのです。ある司法書士はこう話します。

「成年後見人等の不正が多いため、最高裁では10年秋から、導入の検討を始めていたん

後見制度支援信託の仕組み

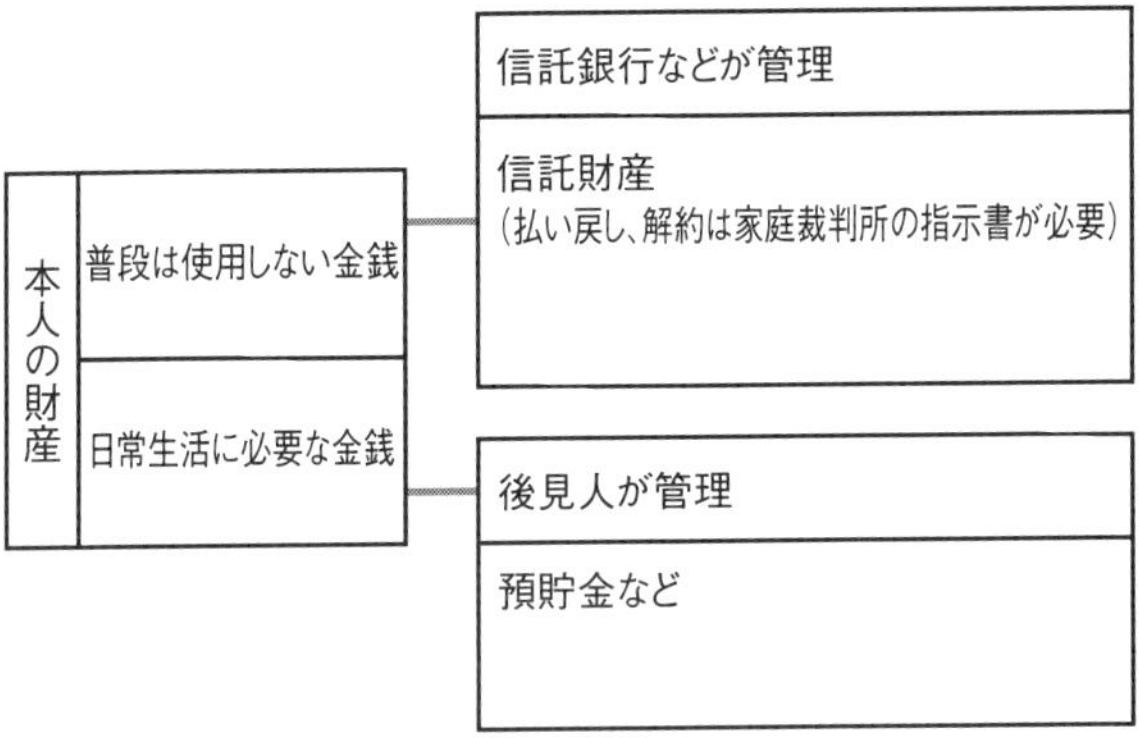

後見制度支援信託の利用状況

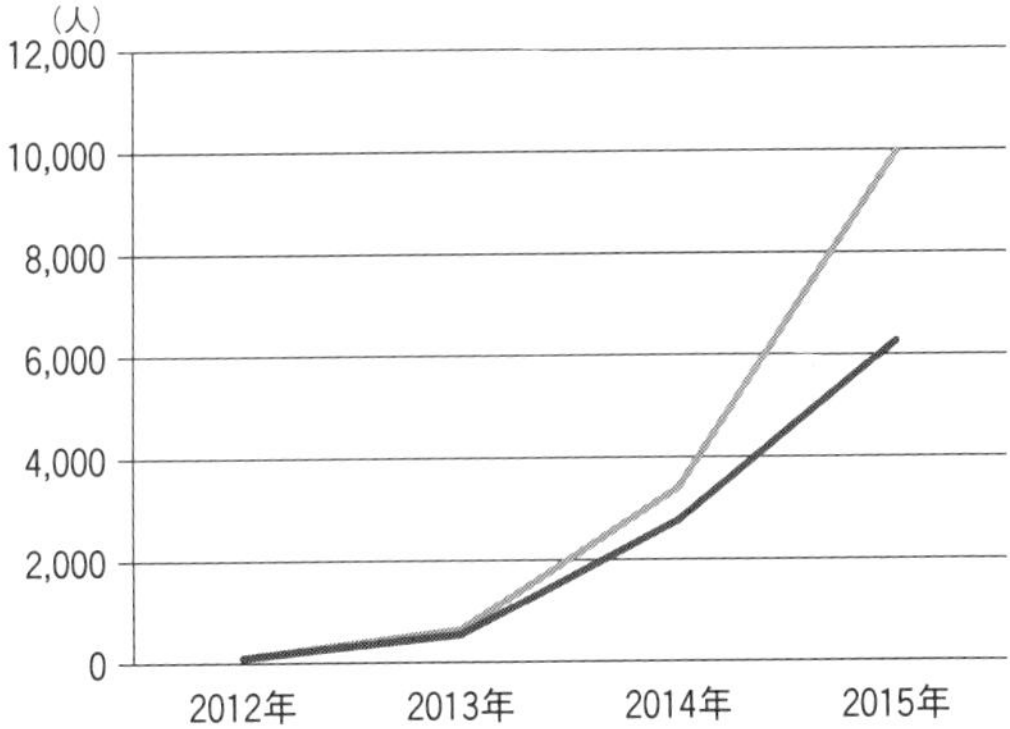

※導入は2012年
※成年後見制度利用促進委員会資料より

です。しかし、当初は導入に失敗し、ようやく12年に新規案件から導入がスタートしました。その後、すでに成年後見人になっている人にも、その利用を勧めるようになったのです」

監督人は付かなくなったが、信託設定だけで20万円の出費

成年後見監督人や専門職後見人の増加、あるいは後見制度支援信託の導入によって、2015年の不正件数は、521件と大幅に減り、被害額も前年比27億円減の29億7000万円となりました。

この後見制度支援信託は、元本保証のため、利用者の財産が目減りするということはありません。それもあり、専門家の多くは「よい制度」と口をそろえます。

確かに、この仕組みを使えば、成年後見監督人は不要となります。弁護士や司法書士などの専門職後見人が選任されている場合は、親族による成年後見人に変更することも可能になります。つまり、それまで専門職後見人や成年後見監督人に支払っていた「報

酬」はなくなることになります。これは大きなメリットであることは間違いありません。

しかし、大きな問題点があります。後見制度支援信託の利用手続きは、司法書士や弁護士などの専門職後見人でなければできないという点です。私のケースでは、私が成年後見人（親族後見人）であるため、まずは私に付いていた成年後見監督人（司法書士）が、父の成年後見人（専門職後見人）になりました。私ともう１人の複数後見人という形になったのです。

そうして、その専門職後見人が財産目録などをチェックして、父の１か月の支出額を割り出していきました。その支出額をベースに、メインバンクに残しておく預貯金の額を決めて、残りを信託銀行などに預けるのです。定期的な支出が、定期的な収入を上回るようであれば、定期的に信託銀行からメインバンクに、一定額が補充されるようにします。

ここまでの一連の手続きは「無料」というわけにはいかず、専門職後見人に支払う「報酬」が発生します。私の場合、20万円でした。この費用は、成年後見監督人などに支払っていた年間の報酬額とは別のものです。あまりに高い額に、私は唖然とするしかありませんでした。この額も、正確な基準はなく、私の知人は24万円かかったといいます。ネット上では「あまりに高くて抗議したら、値引きしてもらえた」という話も載っています。

「そうは言っても、信託設定をするとなればいろいろと調べることもあるのだろう」と思う人も多いかもしれませんが、私の場合、すでに成年被後見人（父）の支出と収入の全額は、成年後見人になった最初の仕事としてチェック済みであり、それほど大した労力は必要としません。私の父の場合は、現在、その信託銀行から父のメインバンクに2か月に1回、10万円が振り込まれるだけです。その手続きに20万円もかかるのは、どう考えても高すぎます。

なお、信託の手続きが終われば、専門職後見人は辞任し、息子である私が監督人なしの成年後見人となりました。信託を設定した以上、私の「不正」は防げるわけですから、もう監督人は不要、ということです。

親の知らない銀行に預けることへの不安

さらにもう一つ、後見制度支援信託には、大きな問題があります。親にとって、あまり馴染みのない金融機関に大金を移行させるという点です。２０１７年現在、後見制度支援信託の制度に沿ったサービスを提供しているのは、三井住友信託銀行や三菱ＵＦＪ信託銀行、みずほ信託銀行、りそな銀行、千葉銀行、中国銀行の６行。特に、親が地方に住んでいる場合は、その多くが、地元の地銀や郵便局に預けているものです。そうしたときの親の抵抗感は、私たちが思うよりも、強いことは間違いありません。

実際、私の父は私に「俺のお金どうなっている？」と聞くことがあります。現在、介護施設に入っているため、普段、お金を持っておらず、ふと心配になるのだと思います。幸い、まだ「俺の通帳を見せて」と言われたことはありませんが、もし、そういう事態になったら、新しい金融機関の通帳を見せる必要が生じるかもしれません。それは、とても勇気がいることです。認知症は昔の記憶は覚えている傾向が強いため、「俺の銀行じゃない！」と怒ったり、不安がる可能性もあるからです。

第3章

問題だらけの成年後見制度

専門職後見人が付くと「父との旅行」にも「お伺い」が必要になる

子どもが親の成年後見人になりたいと思っても、家庭裁判所が「ノー」と判断した場合は、親族ではない弁護士や司法書士などの専門職後見人が付くことになります。

この制度ができた当初（２０００年）は、成年後見人の選任は、ほぼ親族で占められており、専門職後見人は、弁護士のみで４・６％に過ぎませんでした。しかし02年になると、弁護士７・０％、司法書士５・７％、社会福祉士１・３％と、徐々に専門職後見人の割合が増えていきました。そして16年の「成年後見関係事件の概況」を見ると、親族は28・１％で、親族以外の第三者が71・９％となっています。

この要因は51ページで触れたように成年後見人による不正を防ぐためです。ある司法書士は、「親族がいなかったり、あるいは親族がやりたがらないケースもあるが、多くは不正が起こらないように、家庭裁判所が最初の段階で、親族ではなく専門職後見人を選んでいる」と話します。なお、候補者が「親族」にもかかわらず、専門職後見人が選任される割合については、最高裁判所事務総局家庭局に聞いたところ「データは取って

成年後見人等と本人との関係別件数（2017年）

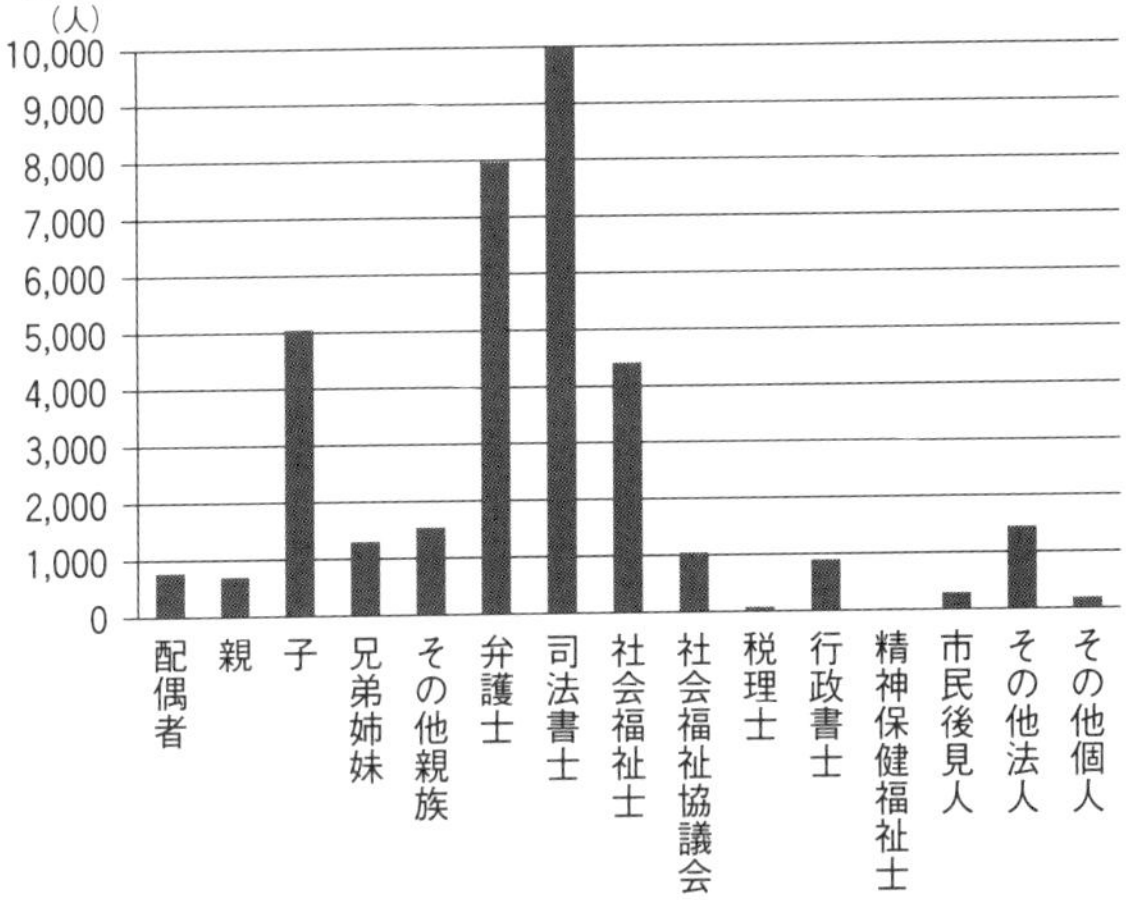

最近では、親族よりも、弁護士や司法書士などの専門職後見人のほうが選任されるケースが多い。
※最高裁判所事務総局家庭局「成年後見関係事件の概況」より

いない」とのこと。しかし、複数の司法書士は「増えている実感はある」と口をそろえます。

専門職後見人が選任された場合、一番のデメリットは、年間24万円は下らない報酬が発生することですが、もう一つ、大きな問題が生じます。

以降、家族は成年被後見人の財産に直接タッチできなくなるという点です。私の友人は現在、この制度を使わずに認知症の母親と一緒に暮らし、母親の面倒を見ながら生活をしています。その友人は、母親と旅行に行く機会を多く設けています。しかしもし今後、友人が成年後見人の申立てを行い、その結果、彼女ではなく、専門職後見人が選任されたとしたら……。旅行さえも、いちいち専門職後見人にお伺いを立て、許可を得る必要が生じるのです。なぜかと言えば、母親の銀行通帳などは全部、専門職後見人のもとで管理されることになるからです。

取材した司法書士は、自分が専門職後見人に選任されると、その家族から「子どもが親の通帳を見ることさえできなくなるのはおかしい」という苦情を多く受けると話します。

「今まで親身に面倒を見てきた人が、成年後見制度を使わざるを得なくなり、しかも専門職後見人が選任された場合、ご家族は通帳を見ることができなくなります。そのあたり私自身、堅苦しさは感じますが、ルールなので仕方がないんです」

この司法書士は「でも、そもそも親の通帳は親のものであり、子どもが下ろすことはできないはず」とも話します。けれど私はその意見は間違いだと思います。もちろん親に黙って下ろすことは、ルール違反ですが、親が「代わって下ろしてきて」と言えば、それはまったく問題ないはずだからです。

裁判所は弁護士や司法書士の「人間性」などチェックしていない

しかし、専門職後見人が選任されると、そんな理屈は一切通らなくなります。親の財産は、家族のもとから取り上げられ、後見人によって「1か月に必要なお金」が決められ、その範囲内で生活をすることになります。そして「足りない」ということになれば、専門職後見人に、不足した理由などを話し、家庭裁判所の許可を得た上で、新たにお金が与えられる形になります。

司法書士に話を聞くと「堅苦しいかもしれませんが、〝不自由しない額〟を算出しています」ということですが、家族の心情的なストレスは相当なものになることは間違いありません。そもそも親のお金は、親自身が認めれば、家族のものであるのですから。にもかかわらず、親と旅行に行こうとしたときに、専門職後見人に断りを入れないといけないのです。そうした事実もしっかり理解した上で、この制度を使うかどうか判断する必要があるのです。

弁護士や司法書士などの中で、専門職後見人や成年後見監督人になる意思のある人は、司法書士であるならば、例えば公益社団法人成年後見センター・リーガルサポートといった団体を通じて、家庭裁判所に登録名簿を提出して、その資格を得ます。ここで注目したいのは、家庭裁判所は、彼らと個別面談をして、合格・不合格の判断を下しているわけではないという事実です。もちろん、まったくの素人の私でも、何とか父の成年後見人をしているくらいなのですから、その道のプロである弁護士や司法書士であれば業務をこなすことなんて簡単でしょう。

しかし、専門職後見人や成年後見監督人は、数字や法律に詳しければ誰でもできるという類のものでは、断じてありません。「自己決定権の尊重」といった、成年後見制度の理念を常に念頭に置きながら、本人の財産管理や身上監護を行うことが求められるのです。

専門職後見人であれば、成年被後見人に寄り添うことが必要ですし、成年被後見人の親族に対しても、しっかりとしたコミュニケーションを取らなくてはいけません。成年後見監督人であれば、親身になって成年後見人にアドバイスを送る必要があります。

しかし、そうした〝人間性〟を、家庭裁判所はしっかり把握しているのか。

答えは、はっきり言って「ノー」です。司法書士や弁護士などの団体が登録名簿を家庭裁判所に提出し、そこから選任することに異論はありません。彼らは成年後見制度を理解し、その役に立ちたいと思っている「はず」ですから。しかし、だからといって「誰でもＯＫ」は、あまりに無謀です。

この点については、国も「改善すべき」と考えているようです。２０１７年３月に閣議決定された「成年後見制度利用促進基本計画」には「後見人の選任における配慮」として、次のような文言が盛り込まれています。

「後見人は、本人の自己決定権を尊重するとともに、身上に配慮して後見事務を行うべき義務を負っているところ、後見人がこのような事務を円滑かつ適切に遂行するためには、本人はもとより、親族、福祉・医療・地域の関係者等の支援者とも円滑な関係を築き、本人の意思決定を支援していく体制の構築が重要である」――。

家庭裁判所が選任した専門職後見人等は変更できない

私がなぜ、これほどまでに〝クオリティ〟の重要性を訴えるのかといえば、私たちは、家庭裁判所が選任した専門職後見人や成年後見監督人を代えることができないからです。私たちは、成年後見人等選任申立て後、自分を候補者にしたにもかかわらず、専門職後見人が選任されても、あるいは、成年後見監督人が付いても、「ノー」と言えない上、それに輪をかけて、変更を願い出ることもできないというわけなのです。

私が成年後見人になったとき、監督人として付いた司法書士は、幸いなことに大変真摯に対応してくれる人でした。前述しましたが、家族で食事に行き、父が「今日は俺がおごる」と言ったとき、私は父の意志に従い、家族全員の食事代を父の財布から支払いました。その行為に、私の成年後見監督人は最初からダメとは言わずに、家庭裁判所と掛け合ってくれました。あとで聞くと「ちょっと難しいとは思いましたが、決して悪いことではないので」とのことでした。実は、この私の経験を、別の司法書士に話したところ「私が監督人だったら最初からＮＧにします。ルールはルールですから」ときっぱり言われました。

もしこの司法書士が、私の成年後見監督人だったとしたら、おそらく私は「何なんだ、この人は」と不信感を抱き、「代えてほしい」と強く思ったことでしょう。しかし、それができないのです。

ネット上では「成年後見人がまったく働かない」「成年後見人が相談に応じてくれない」といった書き込みが多く見られます。しかし、その人たちは、愚痴を言うだけで、彼らをリコールできません。

少し話が変わりますが、要介護認定を受けて、介護保険サービスを使う際は、ケアマネジャーにプランの作成を頼むことになりますが、このケアマネジャーも「できる人」と「できない人」の差が激しいと言われています。しかし、もし利用者が「使えない」「相性が悪い」と思ったら、いつでも変更することができます。なぜ、このような仕組みを、成年後見制度では整えないのでしょうか。

専門職後見人等を「いつでも変更可能」にするのは、確かに、司法書士などの人数の確保という問題があります。しかし、それを理由にされてしまっては、利用する側はたまったものではありません。専門職後見人や成年後見監督人を代えられるようにすれば、彼らに対して「しっかり仕事をしないと代えられる」というプレッシャーを与えることもできます。

専門職後見人による不正も増えている

専門職後見人が選任された場合、言うまでもありませんが、成年被後見人の銀行の通帳などは、家族の手元を離れて、全部彼らに預けることになります。考えてみれば、これはとても怖いことです。彼らの仕事ぶりから「この人はとても信頼できない」と思ったとしても、全財産を預けなければいけないのです。

不正の多くは、52ページで触れたように親族後見人によるものですが、実際に、専門職後見人による不正も発生しています。２０１５年に報告された不正件数は５２１件ありますが、このうち37件が専門職後見人によるもので、被害総額は約1億１０００万円となっています。同年には、東京都の弁護士が、後見人を引き受けていた女性の預金口座から約1300万円を引き出して着服した事件も起こっています。

一部のメディアでは「専門職後見人＝不正の巣窟」という図式で報道していますが、それは極端すぎる見方です。しかし、一部ではありますが、専門職後見人による不正が起こっているのは事実なのです。

「親族を後見人に選任すると不正が起こりやすい」と、家庭裁判所が判断している以上、今後も、専門職後見人を立てたり、成年後見監督人を付ける流れは、変わらないでしょう。そうであるならば、家庭裁判所が名簿に載っている専門家と面談し、中立人や家族に寄り添って行動できる人材なのかを、しっかりチェックすることは、もはや義務といってよいのではないでしょうか。

本人が元気なうちに「任せたい相手」と契約する任意後見制度

成年後見制度は、大きく法定後見制度と任意後見制度に分かれます。ここまでは主に、後見・保佐・補助に分けられる法定後見制度に焦点をあててきましたが、任意後見制度

任意後見制度の３つの種類

判断能力の衰えが近い	現在体力的な衰えがある	現在体力・判断能力とも問題がない
即効型	移行型	将来型
任意後見契約を結び、すみやかに任意後見監督人選任申立てを行う	任意後見契約と、財産管理任意契約を結ぶ	任意後見契約と見守り契約を結ぶ

任意後見制度は、さまざまな契約の組み合わせによって、主に３つの種類に分かれる。

についても触れておきます。

任意後見制度とは、自分が元気なうちに、将来自分の後見人になってくれる人との間で、財産管理や身上監護に関するお願い事を決めて、契約（任意後見契約）を結んでおくというもの。そして将来、本人の判断能力が低下したら、任意後見契約で定めておいた法律行為を、本人に代わって後見人が行っていきます。必ず公正証書で契約を結びます。

この任意後見制度の大きな特徴としては、任意後見契約以外に、「見守り契約」や「財産管理委任契約」といった契約も結ぶという点です。見守り契約は、本人が元気なうちから定期的に訪問するなど、本人の状態を継続的に見守っていくという契約です。財産管理委任契約は「判断能力はあるけれど、体が不自由になり、財産管理ができなくなったときは、財産管理を委任する」といった契約になります。

この制度は、各種契約を組み合わせることで「将来型」「移行型」「即効型」の３つの種類を使い分けることができます。例えば、「移行型」であれば、本人の判断能力がある段階から、財産管理などを任せることができます。法定後見制度よりも、自由にプランが立てられる制度であることがわかります。

本人が決めた後見人が選任されるが後見監督人も付く

任意後見制度には、法定後見制度には適用されない大きな特徴があります。それは「自分が決めた人が、必ず任意後見人に選任される」という点です。法定後見制度では、親族が中立人になり「私が後見人になります」と立候補しても、選任されるとは限りませんが、任意後見制度は、本人の希望が尊重されます。本人が息子に「後見人になってほしい」と言って、息子が納得して任意後見契約を結べば、そのとおりになるのです。

成年後見制度の本などを見ると、任意後見制度の一番の利点として、このことが大きく取り上げられています。確かに、これは大きな特徴であることは間違いありません。自分が健康なうちに「子どもに頼める」という安心感は、本人にとって、かけがえのないことです。

しかし、任意後見制度には、大きな裏があります。それは、本人の希望どおりに後見人が選任されることと引き換えに、その後見人を親族とした場合、必ず、司法書士や弁護士などによる「任意後見監督人」の選任が行われるということです。

任意後見契約を締結すると、公証人の嘱託によってその内容が法務局に登記されますが、いざ、任意後見をスタートさせるときには、家庭裁判所に、任意後見人を監督する任意後見監督人の選任申立てを行う必要があります。そして家庭裁判所から任意後見監督人が選任されたら、その監督のもとで任意後見人の支援がスタートします。

任意後見監督人は司法書士や弁護士などの専門家から選ばれるのが基本で、報酬は、基本的に成年後見監督人と同じ。つまり年間24万円程度の支払い義務が発生するのです。

任意後見契約は解除するのが難しい

法定後見制度の場合、成年後見監督人が付いても、私のように後見制度支援信託を利用すれば、監督人は解任されることになります（51～56ページ参照）。しかし任意後見制度を利用した場合、任意後見監督人は、本人が亡くなるまで付きます。

認知症で一番多いアルツハイマー型は、発症から死まで、平均約10年と言われていますか。20年前は、5～8年と言われていましたが、抗認知症薬が開発され、ケアの仕方が確立されてきたことで、延びてきているのです。

私の父は、2010年頃に認知症を発症していますが、8年が経過した今、主治医からは「進行がゆっくりしています」と言われており、あと2年で寿命ということはないと感じています。主治医いわく「10年はあくまでも平均であり、抗認知症薬が合うか合わないか、ケアが上手か否か。あるいはその人の持病の有無で大きく異なり、20年以上かけてゆっくりと進行する人もいます」とのこと。

任意後見制度の場合、その制度の特徴上、認知症の症状が出始めると同時に、任意後見がスタートするケースが多いと言えます。つまり、かなり長い年月にわたって、制度を利用していくことになるのです。

任意後見監督人の報酬が年間24万円として、20年間任意後見制度を使えば、なんと480万円かかることになります。

それでは任意後見契約を結んだ場合、この契約を解除することはできるのでしょうか。「後見監督人が選任される前」――つまり本人が元気で後見人による支援が不要なうちは、いつでも公証人の認証を受けた書面によって、契約を解除できます。

問題は「任意後見監督人が選任された後」です。この場合、「正当な事由があれば、解除できる」とありますが、この正当な事由とは「本人と任意後見人の仲が悪くなった」など、家庭裁判所が許可した場合に限られます。「後見監督人の報酬を払いたくないから」という理由では、解除が認められることは難しいといえます。

任意後見制度は、本人にとっては「将来への不安」を軽減してくれる、有効な制度であることは事実でしょう。しかし、その一方で、自分の財産が、どんどん目減りしていくというデメリットがあるのも、また事実なのです。

あまりにも煩雑な提出書類の山

さて、成年後見人等選任申立てを行う際は、さまざまな書類の提出が求められます。私の場合、相当切羽詰まった状態で、とても自分で書類の作成をする時間も余力もありませんでした。

必要な書類は管轄の家庭裁判所のホームページでひな型をダウンロードできるため、自分でチャレンジしてみました。しかしすぐに挫折をする羽目に。例えば、提出する書類の中には「本人の財産目録」があり、本人の定期的な収入や定期的な支出、預貯金、不動産、負債などを書く必要があります。今現在、私は父の成年後見人をしており、父の収入や支出については、かなり正確に把握していますが、当時は、まったく知らなかったため、どのように見極めていくのか、その方法がわかりませんでした。また「親族関係図」についても、いったいどうやって書けばいいのか、親戚はどのくらいまで盛り込むべきなのかもわからず、途方に暮れました。

「成年後見人等申立」の手続き代行を頼むと10万円

そこで私は、成年後見制度の手続き代行を行う専門家をネットで探し、実績の高さをうたっている、ある司法書士に代行を依頼しました。費用は10万円。正直、高いとは思ったのですが、焦っていた当時、ほかの選択肢はありませんでした。

それから1週間後、手続き代行を頼んだ司法書士から「下書き」として、作成した書類が届いたのですが、それを見て私はびっくりしました。家庭裁判所がサイト上に記載例として挙げられている内容よりも、相当シンプルだったからです。

例えば「親族関係図」は、家庭裁判所の記載例は、本人（成年被後見人）の両親の名前や生年月日、さらには本人の兄弟姉妹、その子供の生年月日を書くように記してあるのですが、司法書士から届いたそれは、私の家族だけが書かれたものでした。そして実際に、それで作り直しを命じられることはありませんでした。「本人の財産目録」についても「わかる範囲内」といった程度のものでした。

家庭裁判所の「親族関係図」の例と筆者の提出例

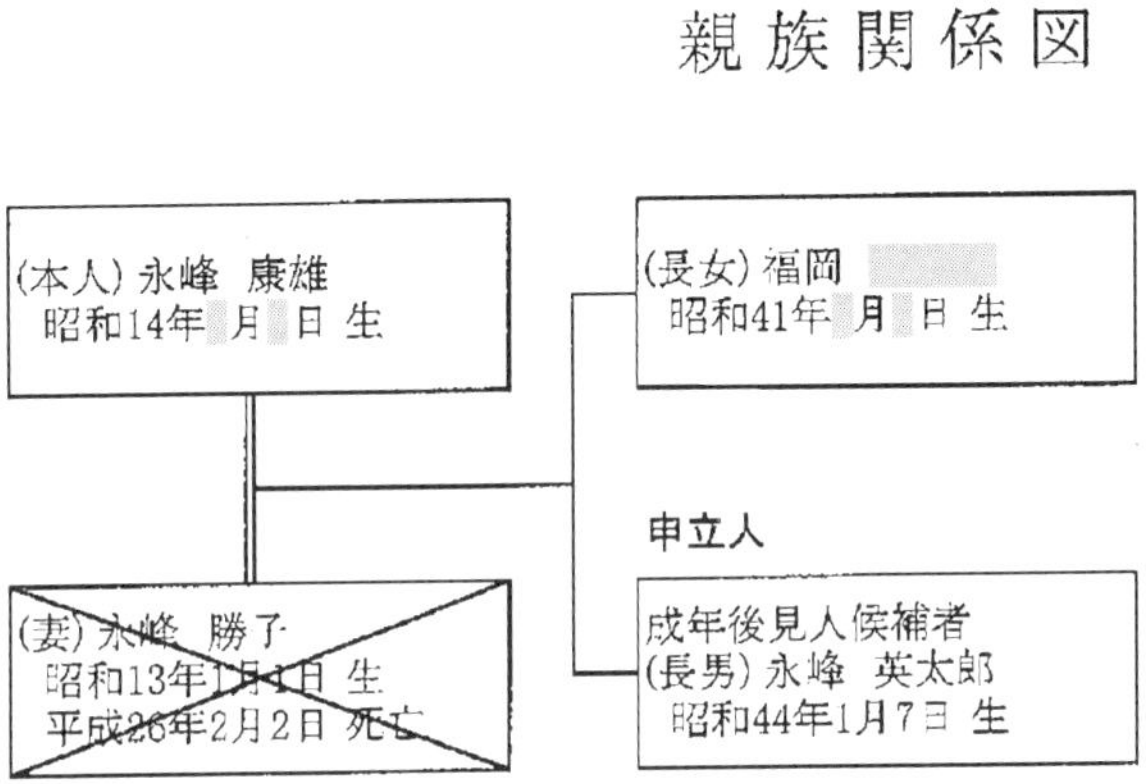

筆者の親族関係図はとてもシンプル。結局、この程度でＯＫだった。

家庭裁判所のホームページに載っている「記載例」は、とにかく複雑で、ほとんどの人は「自分ではできない」と考えてしまうはずです。

ちなみに申立ての際は、このほか申立費用８００円、登記費用３０００円弱などがかかります。さらに家庭裁判所が鑑定を必要とした場合は、５万〜20万円の費用がかかります。この鑑定は、５万円以下が61・９％と過半数を占めますが、５万円超〜10万円以下も35・９％と高めです（２０１６年）。

しかしながら「ケースによって異なります」としか書かれておらず、私たちは、提示された金額に従うしかありません。こんな理不尽な話はないのです。

なお、成年後見人に選任されてさまざまな手続きを行う際は必ず「登記事項証明書」の提出が求められます。証明書自体には有効期限はありませんが、3か月以内に取得したものが必要になるケースが多く、その都度証明書を取得する必要が生じます。費用は550円。郵送でもOKですが、かなり面倒で、なぜ「免許証」のようなものを作らないのか不思議です。

相談窓口すらない家庭裁判所

父の成年後見人になって1年間は、司法書士の成年後見監督人が付き、さまざまなアドバイスを受けながら、その任務を果たしてきましたが、2015年3月に「後見制度支援信託」を使うことになり、成年後見監督人は付かなくなりました。

このとき私が抱いたのは、安堵と不安でした。安堵というのは、これで年間24万円の報酬を支払わないでいいという「ほっとした」気持ちです。一方で「今後、わからないことがあったら、誰に相談をすればいいのだろう」という大きな不安を抱きました。なぜかといえば、成年後見制度には、私たち成年後見人等が悩みごとを相談する窓口が整っていないからです。

成年後見人等による不正件数は、12年で624件、13年が662件、14年が831件、15年が521件となっています。このうち専門職後見人による不正は、12年で18件、13年で14件、14年で22件、15年で37件と少なく、そのほとんどが親族後見人によって行われているといえます。こうした不正の多くは、意図的なものだと思いますが、その一方で、意図しない不正も少なくないと思います。

成年後見監督人が付いている場合は、メールや電話などで彼らに相談することはできます。しかし、彼らがいないと、成年後見人は、かなりのことを自分で判断しないといけなくなります。親族の成年後見人の多く（いや、ほぼ全員だと思います）は、初めて成年後見人を経験するわけで、間違いを犯さないほうが不思議なのです。

成年後見制度の先進国であるドイツと比較すると、日本の成年後見制度が、いかに利用者側に寄り添っていないかがはっきりします。

ドイツの成年後見制度は「成年者世話法」と呼ばれ、1992年1月に施行されました。同制度の利用者（15年）は、人口8300万人に対して130万人となっています。選任される世話人（日本でいう成年後見人）は25万人で、そのうちの3分の1が専門職世話人で、残りの3分の2が親族や市民世話人からなる名誉世話人です。親族後見人の割合が3割を切る日本とは、正反対の状況になっています。

なぜ、日本では「不正が起こるから」と敬遠されている親族後見人が、ドイツでは積極的に登用されているのでしょうか。ある司法書士は「ドイツは成年者世話法を管轄する裁判所の数が多く、さらに親族世話人を支援する仕組みが整っており、不正が起こりにくい環境にあるから」と話します。

ドイツには、後見裁判所（区裁判所）が全国に450か所あります。これは日本でいうところの簡易裁判所にあたります。みなさんの住まいの近くでも、簡易裁判所は見かけるはずです。それに比べて、日本の成年後見制度を管轄する家庭裁判所は、東京都で「本庁」「立川支部」「八丈島出張所」「伊豆大島出張所」の4か所だけです。私の父の住所は埼玉県所沢市ですが、所沢市には家庭裁判所はなく、川越市にある「さいたま家庭裁判所川越支部」が管轄になります。面談もここで受けるので正直とても不便です。

ドイツには、親族世話人を支援する仕組みとして、民間の世話人支援団体の「世話人協会」があります。世話人協会には、すべての世話人が所属する必要があり、ここで導入教育や研修を受けたり、さらには個別相談にも応じてもらえます。日本には、こうした仕組みはありません。

ドイツのように裁判所の数が多かったり、世話人支援団体の仕組みが整っていることで、世話人は「わからないことは気軽に聞ける」という安心感が持てます。このバックアップ体制が日本にはないのです。

またドイツでは、世話人になると、その心得についてしっかりとしたレクチャーを受けるそうです。日本では1時間程度の面談時に冊子を渡される程度です。成年後見制度がスタートした頃は、なんと紙切れ1枚だったそうです。

私が父の成年後見人になって、日々感じているのは「孤立感」です。ちょっとした困りごとや悩みがあったとき、誰にも相談できないのは本当につらいものです。そう書くと、家庭裁判所から「そんなことはない。担当の書記官に聞けばいい」という反論の声が聞こえてきそうですが、これがなかなか聞けないものです。家庭裁判所から送られてくる書類の封筒には、電話番号や担当者の名前は書かれていますが「相談窓口はこちら」といったアナウンスは一切ありません。

なぜ、家庭裁判所は相談窓口などを設けて、成年後見人に対するバックアップ体制を整えないのでしょうか。ある司法書士はこう話します。

「裁判所というのは、その特徴として『過去』をチェックすることにあるんです。数字が合っているかどうかを見ることはできますが、成年後見人からの『このお金をどう使ったらいい？』という問いに答えることは得意ではないんです」

さらに加えるならば、日本では裁判官の数が少ないため、成年後見人一人ひとりに関わることが難しい側面もあります。

実は、成年後見人の監視役として、司法書士などの成年後見監督人が選任されるのは「不正防止」以外に、もう一つ大きな理由があります。それは、家庭裁判所が「問題のある後見事務に関する報告書」だけのチェックで済むということです。成年後見人は、通常毎年一度、家庭裁判所に、収支状況や財産目録などをまとめた報告書を提出します。

本来であれば、家庭裁判所が一件ずつ、すべてチェックすべきなのですが、それができる状態ではないのです。

私の成年後見監督人だった司法書士は「家庭裁判所は扱う事件が多い」と指摘します。「少年事件や離婚、家族の問題など、あらゆる民事・刑事の家族問題を全部管轄しており、いつもアップアップの状態なんです。成年後見人とじっくり向き合うことは難しい現実がある。それゆえ、成年被後見人の財産が一定額を超えると、成年後見監督人を付けて、成年後見人からあがってきた報告書を監督人に一通りチェックさせて、そこで『問題あり』のケースだけ、家庭裁判所が監督するようにしているんです」

このような現状では、成年後見人からの相談に応じる体制を、しっかり整えることは、難しいと言わざるを得ません。

禁治産制度をリニューアルしたものが成年後見制度

民法による「成年後見制度」が施行されたのは、2000年4月1日。まったく新しい制度というわけではなく、明治時代に施行された禁治産・準禁治産制度が今の時代に合わせてリニューアルされたものです。

禁治産・準禁治産制度は、端的に言えば、知的障害者や精神障害者など、自己の財産を管理・処分する能力がないと判断された人々を、取引社会から隔離し、財産に一切タッチさせないというものです。

1947年の民法改正前の旧民法では遺産相続は通常、長男1人が全財産を相続する「家督相続」の形態でした。当時の日本は、財産は個人のものでありながら、家に帰属するものだと捉えられていたのです。家代々の財産を、個人が代わりに管理しているという発想です。

それだけに、自己の財産を管理・処分できない人は、禁治産・準禁治産制度によって、取引社会から隔離・排除する必要があったのです。

しかし、70年代以降、ノーマライゼーションや自己決定権の尊重が、世界の潮流になっていきます。禁治産・準禁治産制度は、〝本人の保護〟は掲げていても、基本的人権への配慮が不十分であるとして、制度の見直しが検討されるようになり、それが「自己決定権の尊重」「残存能力の活用」「ノーマライゼーション」の３つを基本理念として掲げた「成年後見制度」の導入につながっていくのです。

介護保険制度は「措置から契約へ」が特徴

一方、同時期に、介護保険法に基づく「介護保険制度」の準備も進められていきます。ヨーロッパの先進諸国では、20世紀前半から、社会の高齢化がゆっくり進んでいき、１９７０年代から高齢化社会に対応する仕組みが作り始められていました。それに対して日本では、１９７０年代は65歳以上の割合が７～８％程度で、先進諸国に比べてそれほど高くなく、高齢化社会に対する準備は、ヨーロッパよりも後れをとっていました。しかし、80～90年代になると、日本でも一気に高齢化が進んでいきます。

こうして日本でも、高齢化社会にどう向き合っていくかの議論が交わされるようになりました。その中で、大きな問題になったのが「介護が必要な人を誰が支えるか」についてでした。核家族化・少子化が進む中で、家族だけで支えるのは、難しい状況になりつつあったからです。そこで40歳以上の国民は、毎月保険料を納める代わりに、65歳以上になり、要介護認定を受けて介護が必要であると判断されれば（45歳以上65歳未満の特定疾病も）、安い自己負担で、様々な介護サービスが受けられる、社会全体で介護を支える「介護保険制度」が整備されることになったのです。

この介護保険制度の大きな特徴は「措置から契約へ」という点です。この制度の導入前、介護の現場では「措置制度」が軸になっていました。介護が必要であるかの判断を、市区町村等の行政が行い、必要とされた人に対して、在宅介護サービスなどの利用を取り計らう（措置）というものです。

しかし、前述したように、世界の潮流は、ノーマライゼーションや自己決定権の尊重に流れており、措置制度は時代錯誤と言わざるを得ませんでした。そこで介護保険制度では、利用するサービスは、自分で決定し、自分でサービスを提供する事業者と「契約」を交わす形に変わりました。そして２０００年４月１日の施行が決まりました。

なぜ成年後見制度を先行させなかったのか

しかし、ここで大きな問題が生じます。「措置から契約へ」という方針はよいのですが、認知症や障害を持った人の場合、自分で契約をすることが難しいという問題です。これでは介護保険制度は立ち行かなくなります。そこで、同時に施行されることになったのが、成年後見制度なのです。そうした経緯もあり、介護保険制度と成年後見制度は「車の両輪」と呼ばれているのです。

２０００年４月に介護保険法は施行され、介護サービスを受けるには、介護を希望する人が、事業者と「契約」を交わす形に変わりました。これまでの介護サービスを必要とされた人に対して、行政が利用を取り計らう（措置）スタイルを一変させたわけですが、この制度と「同時」にスタートしたのが成年後見制度です。これで、認知症などを患い、自ら契約できない人も路頭に迷うことがなくなるはずです。

ここで一つの疑問があります。

なぜ、介護保険制度の施行より早く成年後見制度をスタートさせなかったのか、とい

申立てからの審理期間（2017年）

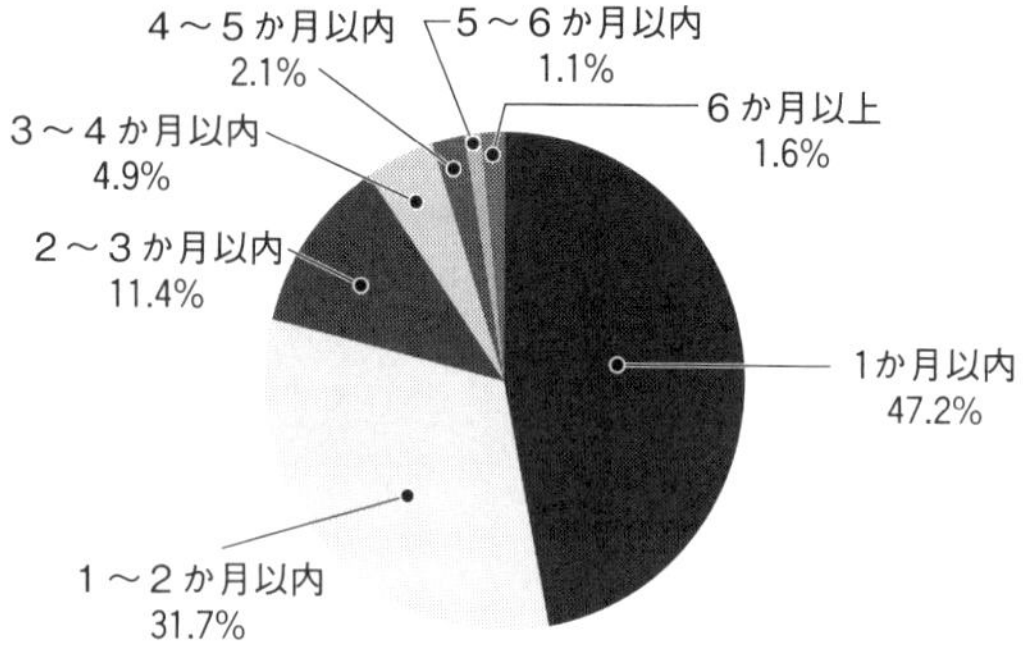

※最高裁判所事務総局家庭局「成年後見関係事件の概況」より

うことです。要介護認定を受けるには、本人が申請する必要があります。それができないのであれば、当然後見人を立てる必要があります。

しかし成年後見制度を利用する場合は、管轄の家庭裁判所に「成年後見人等選任申立て」を行う必要があり、その流れは「予約」→「申立て・面談」→「鑑定」→「審判」というステップを踏まなくてはならず、私の場合は、申立てから正式に成年後見人に就任となるまで1か月半かかりました。けっこうな時間がかかるのです。介護保険制度と成年後見制度を同時にスタートさせたのでは、実際に介護サービスを利用できるまで数か月かかるというタイムラグが発生してしまいます。これはあってはならないことのはずです。そのため国は「当分の間」ということで、要介護認定の申請は、親族などが代行できるようにしました。

腑に落ちないのは、なぜ介護保険制度の準備段階で、「成年後見制度を先に施行しないと、大きな問題が生じる」ことに気づかなかったのかということです。

ある司法書士は、こう打ち明けてくれました。

「日本の介護保険制度は、ドイツの同制度（1995年施行）を手本にしているのですが、当初、準備を始める段階では、成年後見制度の必要性は見過ごされていたそうです。厚労省は介護保険制度ばかりに目を向けていた。ところが担当者らがドイツに視察に行った際、ある著名な先生が『ドイツの制度は、契約を前提にしているが、利用者が契約できなかったら、どうするのか？』という疑問を口にしたことで、一同が『え？』となった。調べていくと、ドイツでは、介護保険制度に先立って、92年に成年者世話法（日本の成年後見制度にあたる）が施行されていることがわかった。それが成年後見制度を作る出発点になったのです」

このことから明らかなのは、日本は成年後見制度を急ピッチで作って、何とか介護保険制度の施行に合わせたということです。準備を始めたのも、介護保険制度のほうが先なのですから、とても「先立って」など、できるはずもないのです。

実は、成年後見制度は、なかなか改正法が通らず、介護保険制度の施行に間に合わないと危ぶまれた時期もあったといいます。前述の司法書士は「しかし、それでは『何のための成年後見制度なのか』という批判が多く出て、何とか間に合わせたことは事実」と話します。

不備なままスタートした未熟な制度

私が実感しているのは、成年後見制度は、急ピッチで作ったために、その内容に未熟さが垣間見えるということです。そのため施行後に、その時々で内容を変えていかざるを得なくなっています。

例えば、成年後見制度が施行された2000年は、親族が成年後見人等に選任される割合は９割以上でしたが、16年は３割を切っています。また、私のように成年後見監督人等が付く割合も、11年は１７５１件だったのが、15年は４７２２件です。51～52ページでも触れましたが、専門職後見人や成年後見監督人が増えたのは、不正が多いからというのがその理由ですが、こんなことは、本来あらかじめ懸念すべき事柄です。

「親族相盗例」という親族間の犯罪に関する特例をご存じでしょうか。簡単に言えば「親族が身内のお金を盗んでも、犯罪は成立するけれど、刑は免除されるよ」というものです。「法は家庭に入らず」という思想のもと、設けられた特例といえます。成年後見制度を準備する段階で、この「親族相盗例」を視野に入れれば、不正を行う人が多くなることは簡単に予想できるはずなのです。

しかし、成年後見制度は、親族による不正の防止策を講じることなく、スタートしてしまいました。その結果、案の定、不正は多発し、あわてて成年後見監督人や専門職後見人の割合を増やしたり、後見制度支援信託の導入に踏み切るのですが、すべてが後手後手なのです。

たまったものではないのが、すでに成年後見制度を利用している人たちです。言えるのは、文句だけであり、最終的には「はい」と従うしかないのです。

なお、成年後見人による不正事案に、親族相盗例が準用されるか否かを裁判で争うケースは実際に多く、最近では、「成年後見人の仕事は公的性格を有するため、たとえ親族であっても親族相盗例は準用されない」という判断が法廷で下されています。


一方、「成年後見人にとってプラスになること」に、素早く改正に踏み切らないのも、成年後見制度の特徴といえます。

例えば、この制度の施行後16年間にわたって、成年被後見人が死亡した場合、専門職後見人は火葬などの手続きをすることはできませんでした。この制度は、被後見人が死亡した段階で、後見自体が終了と定められているからです。親族がいれば彼らが火葬をすればよいのですが、問題はいない場合です。火葬の手続きをする人間がいないのです。

しかし、いかに法律がそうであっても、実際には「亡くなったら、はい終わり」とはいかないものです。こうした場面に立ち会った経験のある司法書士は「目の前で交通事故が起きたら、素通りできないのと同じで、実際には、火葬などの手続きをしていた」

と話します。

「亡くなれば、財産と死体が残されるんです。それを『知りません』と放り出すことはできない。これまで管理していた立場にあったのですから、最低限のめどが立つところまでは責任を持つべきだと思って、行動してきました」と話す専門職後見人もいました。

こうした現場の声が多数上がっているのにもかかわらず、法の改正に手が付けられることはありませんでした。ようやく16年10月に「成年後見の事務の円滑化を図るための民法及び家事事件手続法の一部を改正する法律」が施行され、「死後事務関係」について改正されました。

具体的には「成年後見人は、遺体の引取り及び火葬並びに成年被後見人の生前にかかった医療費、入院費及び公共料金等の支払いなど、成年被後見人の死亡後に行う事務を実施できる」ようになったのです。

あまりに遅くはないでしょうか。ほとんどすべての日本人が「火葬」で旅立つというのに、成年後見制度が施行されて以来、16年間も、放っておかれていたことに、私は強い違和感を覚えます。

16年10月に施行された、この改正法では、死後事務関係以外に、もう一つ大きなポイントがあります。それは「郵便転送関係」です。簡単に言えば「成年後見人は成年被後見人宛の郵便物の転送を受け取ることができる」というものです。

私は父の成年後見人でありつつ、父の親族でもあるため、郵便転送関係に対しての制限はありませんが、改正前は、これらの事項を専門職後見人が行うことはできませんでした。

私が父の成年後見人になって実感したのは、父（成年被後見人）宛の郵便物には、「年金の振込通知」「定期預金の満期通知」など、財産に関する情報がたくさん含まれているということです。専門職後見人が、これらを開封できないのは、百害あって一利なしです。それにもかかわらず、施行から16年かかってようやく改正というのは、どう考えても遅すぎるのです。

「火葬はＯＫだが、葬式はＮＧ」のナゾ

今回の改正でも物足りない部分は、まだ数多くあります。

例えば、死後事務関係について、専門職後見人による「葬式」の手続きは認められていないのです。その理由として、総務省は「葬儀には宗派、規模等によってさまざまな形態があり、その施行方法や費用負担等をめぐって、事後に成年後見人と相続人の間でトラブルが生じるおそれがあるため」としています。

一見すると、正論のように聞こえますが、そもそも相続人がいるのであれば、その相続人が「火葬」をするべきで、さらに続けて「葬式」も行うのが、筋というもの。その「火葬」を成年後見人が行うというのであれば、「葬式」を実施したところで、誰が文句を言うのでしょうか。さらに、成年被後見人には、相続人がいない可能性もあるのです。「火葬」はＯＫです、でも「葬式」はＮＧです、というのは、あまりに現実離れした考え方なのです。

医療の同意権はいまだノータッチのまま

もう一つ、死後事務関係で、盛り込まれなかったのが「医療の同意権」です。つまり、本人が病気などになったとき、成年後見人が「手術をする・しない」の選択はできないということなのです。このことについて「おかしい」とは言い切れない側面もあります。というのも、「医療の同意」そのものが未完備なものだからです。

認知症の私の父は、２０１６年に初期の食道がんを患いましたが、その手術に同意したのは私でした。これは成年後見人としてではなく、家族として同意しました。しかし、実は家族であれば、本人に代わって手術に同意できるという法的根拠はありません。

私の成年後見監督人だった司法書士は「医療の同意権は法的に未完備なんです。それでも、本人に代わって家族が同意しているのは、病院側が、それでよしとしているから」と話します。家族の同意ですら定義づけできていないのに、成年後見人に対してだけ、「医療の同意権」を与えることは難しいということです。

とはいえ、実際の現場では、親族のいない成年被後見人が手術などを行う際、医師は司法書士などの成年後見人に「医療の同意」を求めているのが現状です。医師としては、自分で責任を負いたくないからです。では、医療の同意を求められた成年後見人はどうしているのか。私の成年後見監督人だった司法書士は、ほかの案件では専門職後見人も務めているのですが、こう話します。

「法的に権限のないことですが、本人にとって明らかにプラスになるようなことは、私はやってもよいというスタンスです。しかし、私の同僚の司法書士は、インフルエンザの予防接種でさえも『私が決める立場ではない』として、同意を拒否しています。すごく難しいテーマだと思います」

私はこの件について、３人の専門職後見人に話を聞きましたが、全員が口をそろえたのは「第三者が本人の医療行為を代行して同意する仕組み作りは必要だ」という意見でした。

私の父のケースでいえば、もし私のような親族がおらずに、専門職後見人が付いていたら、おそらく初期の食道がん手術に踏み切ることはなかったと思います。医師からは「手術は12時間に及ぶ」「手術後のリハビリは、認知症のためかなり困難を極める」などと言われていたからです。一方で、医師は「食道がんは初期のため放っておいても5年は大丈夫」とも言っていました。父の不安そうな顔を見て、親族である私は「手術」を選択したのですが、専門職後見人であれば、その選択はできなかったでしょう。

実は、成年後見制度がスタートしてすぐに、成年後見人に医療の同意権はあるかどうかの議論はあったといいます。それから18年、おそらく医療の現場では、毎日のように専門職後見人は医師から、医療の同意を求められているでしょう。難しい問題ではありますが、いい加減何らかの手を打つ必要があると感じているのは、私だけではないはずです。

施行後13年でやっと認められた選挙権

施行後13年でようやく認められるようになったものがあります。成年被後見人の「選挙権」です。

成年後見制度の発足時、成年被後見人には「選挙権」は与えられていませんでした。

これは明治時代に施行された禁治産・準禁治産制度の名残です。裁判所が「この人は禁治産者だ」と宣告すると、選挙権はは奪されたのですが、成年後見制度でも、その状態が続いていたのです。

その結果、これまで選挙に行っていた人に後見人が付いたことで、投票できなくなる事態が頻発することになりました。これも成年後見制度を急ピッチで作ったことによる弊害なのでしょう。成年被後見人の中には「選挙で投票できる」人も相当数いることは、準備段階から把握するべきことです。選挙権は、民主主義の日本においては、国民の最大の権利の一つなのですから。しかし、早く制度化しないといけなかったため、禁治産・準禁治産制度を踏襲することを選択したのでしょう。

改正されたのは、成年後見制度発足の13年後です。２０１３年5月、公職選挙法等の一部を改正する法律が成立し、成年被後見人の選挙権が認められるようになりました。法改正の実現は、「成年被後見人は選挙権を失うという公職選挙法の規定は違憲」として、茨城県牛久市の女性が、選挙権を認める訴訟を起こし、東京地裁がそれを認めたことが、きっかけとなりました。判決で裁判長は、成年後見制度における「判断能力の衰え」は、「自己の財産を管理・処分する能力の有無」として、選挙権を行使する能力とは異なるとしました。そして、成年被後見人が全員選挙権を行使する能力がないわけではない、と判断しました。

私は、この法改正に賛成です。私の父は、私が成年後見人になってから一度も選挙には行っていません。認知症の症状が悪化しており、自分で字を書くこともできない状況だからです。しかし認知症の症状が軽ければ、十分、投票することはできます。

公職選挙法の改正により、現在は自治体が商業施設などの利便性の高い場所で投票できる「共通投票所」を設置できるようになりました。今後の超高齢社会を視野に入れて、いち早く介護施設内などでも投票できるような仕組みを作る取り組みに期待したいと思うのです。

父のもとに、市議会議員選挙や衆議院選挙などの投票用紙が届くのは、父が今も日本国民の一人であることを証明することですから、とても大切なことだと感じているからです。

「自己決定権の尊重」とは真逆なこの制度

成年後見人が行う仕事は、大きく分けて「財産管理」と「身上監護」があります。ここで改めて説明をすると、財産管理とは、預貯金や現金、不動産などの本人の財産の管理や介護施設利用料など、本人の日常の生活費の管理を行うことをいいます。

一方、身上監護は、介護契約や施設入所契約の締結など、本人の生活や看護に関する支援を行っていきます。

家庭裁判所は「成年後見制度の理念」を、こう掲げています。少し長いのですが、重要なことなので引用します。

「成年後見制度の理念は、本人保護の理念を源とし、本人の意思や自己決定権の尊重もその理念とされています。審理の中で、できる限り本人の意向を聞いたり、補助、保佐の代理権付与には本人の同意を必要とするなど、本人の意思を尊重する制度が取り入れられています。また、障害のある方も家庭や地域で通常の生活をすることができる社会をつくろうというノーマライゼーションの理念も、成年後見制度の理念の一つであるとされます。成年後見制度は、これらの理念の調和を目指している制度であると言えます」

私が父の成年後見人になって大きな疑念を抱いているのは、今の家庭裁判所は、成年後見人が「自己決定権の尊重」「残存能力の活用」「ノーマライゼーション」の３つの理念を念頭に置いて行動することに、否定的な考え方を持っているのではないかということです。

２０１４年の夏ごろ、腰の圧迫骨折の治療を終えた父と食事に行ったときに、父が「今日は俺がおごるよ」と言ったのにもかかわらず、家庭裁判所から「ノー」と言われたエピソードを紹介しましたが、父の「おごりたい」という意思を尊重したことは「自己決定権の尊重」にあてはまると確信しています。あるいは、遺産分割の際に、父が「俺はいらない」と言ったことも、父の強い意志だと感じます。

家庭裁判所としては「認知症を患い、本人の判断能力が低下しているから」という言い分で、こうした行為を認めないのですが、それでは「自己決定権の尊重」も「残存能力の活用」も「ノーマライゼーション」の理念はどこ吹く風です。

家庭裁判所は、成年後見制度の理念を棚の上にあげて、認知症という病気を「判断能力が低下しており、正常な判断はできない」と〝十把一絡げ〟にしているように思えてなりません。

認知症だから「何も判断できない」は大きな間違い

たとえ「認知症」であっても、初期の段階であれば、しっかりと自分の意思を持っている時間は多いものです。私の父が「今日は俺がおごるよ」と言ったときは、私に「今日はビールが美味しいなあ」「もっとお肉が食べたい」などと普通に会話をしていたのですから。

このことについて「でも家庭裁判所が、成年被後見人の状態を個別に判断するのは難しいのでは？」と感じる人もいると思います。しかし、そんなことはないのです。家庭裁判所は「客観的な判断材料」を持っているからです。

成年後見人等選任申立てを行う際には、さまざまな書類を提出するのですが、その中には「診断書」も含まれます。父が通っている精神科の医師に「父の認知症の状態」を書いてもらうのです。そこには、現在、父がどのような状態であるかを書く項目があります。

一方、家庭裁判所が「診断書だけでは、認知症の度合いを確かめるには不十分」という判断を下せば、これとは別に「鑑定」も行うことになります。

鑑定とは、本人の判断能力がどの程度なのか、医学的に判定することを言います。私の父は鑑定の必要はありませんでしたが、いざ必要と判断されると5万~20万円もの費用が発生します。

この鑑定について、家庭裁判所は書式をワードで用意しており、誰でも見ることができるのですが、そこには「生活の状況及び現在の心身の状態」として「日常生活の状況」「身体の状態（理学的検査、臨床検査）」「精神の状態（意識／疎通性、記憶力、見当識、計算力、理解・判断力、現在の性格の特徴など）」を書く欄があります。

これだけの記述項目があれば、個人の状態をつかむ大きなヒントになります。それをもとにすれば、成年被後見人の意思であるかどうかは判断できるはずなのです。

最新の診断書・鑑定なしに下される裁判所の判断

大きな問題点は、この診断書や鑑定の提出が、成年後見人等選任申立て時以降、まったく求められないという点です。

成年後見制度では「自己決定権の尊重」を理念に掲げ、本人に残っている意思や能力（残存能力）は最大限活用することとしていますが、そうであるならば、一度きりではなく、数年おきなど、定期的に「現在の症状」を確かめる必要があるのです。私の父は、現在、認知症に詳しい医師のもとで、定期的に診断を受けていますが、その報告書を家庭裁判所に提出すれば、今の本人の状態は詳しく把握することができます。家庭裁判所で、そうしたことを求めないのは、「成年後見制度の理念」を軽視していると捉えざるを得ません。

私は「自家用車の購入」などの高額な出費について言っているのではありません。家族が集まった食事会の小さな金額――だけど、「今日は俺がおごるよ」という、父のプライドを尊重したいと言いたいのです。

この「自己決定権の尊重」「残存能力の活用」「ノーマライゼーション」という3つの理念を念頭に置かずに、本人の財産管理や身上監護を行っている点については、国も「懸案事項」としている節があります。

２０１７年3月に閣議決定された「成年後見制度利用促進基本計画」では、「今後の施策の目標」として、こう書かれています。

「成年後見制度においては、後見人による財産管理の側面のみを重視するのではなく、認知症高齢者や障害者の意思をできるだけ丁寧にくみ取ってその生活を守り権利を擁護していく意思決定支援・身上保護の側面も重視し、利用者がメリットを実感できる制度・運用することを基本とする」

裏を返せば、現状の制度では、それほどまでに本人の意思がくみ取られていないということなのです。何度も言いますが、３つの理念を念頭に置くというのは、成年後見制度の大きな骨格にあたる部分です。一刻も早く是正することが求められることであり、時間の猶予はありません。もし、その実現に向けて、積極的に取り組まないのであれば、すぐにでも成年後見制度の基本理念を取り下げるべきです。そうすれば、私たちは「だったらこの制度は使わない」という選択をすることができるのですから。

専門職後見人、監督人の報酬額は事前に伝えるべきだ

成年後見制度に関するさまざまな案件は、家庭裁判所の家事事件（家庭内の紛争）として扱われ、審判を下すのは、裁判官です。

そもそも裁判官とは「憲法や法律に拘束されるほかは、良心に従って、独立して各事件について判断を行います（憲法第76条第３項）」とあるとおり、案件ごとに裁判官が独自の判断で、最良の選択を下しています。しかし、成年後見制度では、「裁判官ごとの判断」とは言っても、どの裁判官でも判断は一緒というケースも多くあります。

その代表例が、成年後見監督人や専門職後見人の報酬額です。これらの報酬額は、「その案件ごとに裁判官が判断する必要がある」という建前があるため、事前にはっきりとした額を把握することができません。

しかし、実際には〝目安〟が決まっています。最近では「事前に知らせるべきだ」と

いう批判の声も多く、家庭裁判所によっては、サイト上に報酬額の目安を載せるようになっています。最初に載せたのは「東京家庭裁判所」で、立川支部のホームページには「成年後見人等の報酬額のめやす」が公開されています。「報酬額の基準は法律で決まってるわけではない」と前置きをした上で、成年後見人、成年後見監督人の基本報酬額が書かれています。それを見ると、成年後見監督人は管理財産額が5000万円以下の場合には月額1万円～2万円、管理財産額が5000万円を超える場合には月額2万5000円～3万円とします、とあります。

成年後見人の目安は月額2万円で、管理財産額が1000万円超～5000万円以下の場合で月額3万円～4万円、管理財産額が5000万円を超える場合は月額5万円～6万円。

とはいえ、報酬額の目安を公開しているのは、すべての家庭裁判所ではありません。前述したように、成年後見制度は、すべての案件について、家庭裁判所ごとの判断で決定を下しているからです。

成年後見監督人を付けるか付けないかの判断も「裁判官がそれぞれ判断している」と

されています。成年後見人等選任申立ての面談で、確認事項として渡された紙切れには「家庭裁判所の判断で成年後見監督人を選任した場合」としか書かれておらず、どのようなケースで選任されるかについては一切わかりませんでした。

しかし実際には、東京家庭裁判所が面談時に「預貯金が500万円を超える場合は、成年後見監督人が付く可能性が高い」と告げているように、こちらもはっきりとした〝目安〟が、存在しています。

成年後見制度が施行されて、18年が経過する中で、ある程度〝目安〟が出来上がったものについては、すべての家庭裁判所でその目安を公表すべきなのではないでしょうか。さいたま家庭裁判所は「いや裁判官の判断なので……」と言うのですが、この制度を利用する人にとって、これらの情報を前もって知ることは、本当に重要なのですから。

第4章

成年後見人を付けなくても何とかなる!

「家族は親の口座からお金を下ろせない」とは限らない

成年後見制度を利用することで、さまざまなリスク、デメリットが生じることになると、伝えてきました。その一方で、私は成年後見人になったことで、父のメインバンクからの引き出しが可能になり、父の定期預金も貸金庫も解約できました。遺産分割についても、無事に行うことができました。「やっぱり成年後見人になってよかったじゃないか」と思う人もいるでしょう。

でも、私が、今強く思っているのは、私が直面した事態――それは、年老いた親がいれば、必ず起こり得る問題なのですが、これらはすべて、「成年後見人にならなくても、何とかなる」ということです。

そして、親が元気なうちに準備さえしておけば、どんなケースでも、絶対に親の成年後見人になる必要はないという、強い確信です。本章では、この点について、筆者の経験をもとに、みなさんにお伝えしたいと思います。

まずは「銀行からの預金引き出し」についてです。

親が元気なうちは実感が湧くことはありませんが、親が病気になったり、老いたりすると、子どもが親の金融機関の口座からお金を引き出す機会は必ず訪れます。

私は『70歳をすぎた親が元気なうちに読んでおく本』という本を執筆するにあたり、知人・友人に「親の金融機関の口座の暗証番号を知っているか」と聞いたところ、ほぼ１００％が「知らない」と答えました。

金融機関の通帳やハンコ、キャッシュカードは、親が病気になっても、探し出すことは可能です。親の財布やバッグ、家の引き出しを探せば、見つかるものです。しかし暗証番号は、親が紙に書いておくなどしていない限り、知ることはできません。「親の記憶」の中にしかないものだからです。

私の場合は、２０１２年に母が初期のがんとなり、それを克服した際、通帳などの保管場所は聞いていました。しかし暗証番号は、何となく聞き出しにくく先送りにしていました。そして、13年に末期がんの診断を受けていざ金融機関からお金を引き出す必要が生じた段階では、母は危篤状態に陥り、結局はわからずじまいの状態になります。

親の金融機関の口座からお金を引き出す必要があるのに、暗証番号がわからないためにそれができない――。私を襲った事態は、決して珍しいことではなく、誰にでも起こり得ることではないでしょうか。

ネットを検索すると「下ろせない」のオンパレード

こうして切羽詰まった私は、インターネットにその解決策を求めますが、そのほとんどが「子どもでは下ろせなかった」という書き込みでした。成年後見人に関する本には「成年後見人になれば、銀行の手続きの代行ができる」と書いてあります。

しかし、暗証番号がわからないからといって、それだけで成年後見人の制度に飛びつく必要はありません。暗証番号がわからなくても、お金を引き出すことは、不可能ではないからです。4～5ページでも触れたように、私自身、暗証番号がわからなくても、引き出すことができました。その方法について、詳しく紹介します。

まず必須となるのは、銀行通帳と届出印です。キャッシュカードがあれば、それもそろえます。前述したように、親の財布などをくまなく探せば見つかるはずです。ただし、届出印は探すのに苦労する場合もあります。親世代は、実にたくさんの印鑑を持っているからです。その場合は、全部の印鑑を持っていけばよいでしょう。もしくは過去の銀行通帳をチェックして届出印を確認する方法もあります。最近の銀行通帳は届出印の捺印は省略されていますが、昔は捺印していたからです。

銀行通帳と届出印、キャッシュカードをそろえたら、続いて「親が自分で引き出せない証拠」もそろえます。私の場合は「母が危篤状態で入院し、父は認知症で、さらに腰の圧迫骨折で入院」していたのが、親が引き出せない理由でした。口頭で伝えても、信ぴょう性がないため、その事実がわかるように、「母の入院の証拠」として診断書、「父の入院の証拠」として診断書、「父が認知症である証拠」として要介護認定証をそろえました。

また「自分が子どもである証拠」もそろえます。私は戸籍謄本を持っていきました。「お金を引き出す理由」についても箇条書きにして、まとめておきました。

親の口座がある支店で直談判してみよう

親の口座があるのは東京都清瀬市が支店の都市銀行でしたが、まず私の住まいの最寄りの支店に行って相談すると、「口座のある支店に行ってください」と言われました。違う支店だと、結局は口座を作った支店の判断が必要になり、二度手間になるとのことでした。

銀行に行き、まず受付窓口で「親のお金を下ろしたい」と正直に告げました。すると受付の方から「課長と面談をしてください」とのこと。私はここで、母が倒れて余命を告げられたこと、父が腰を骨折した上に認知症であること、今後様々な費用がかかってくることなど、すべての事情を包み隠さず話しました。さらに「銀行の事情もわかるし、本来はダメであることも理解している。でも、下ろさなくてはいけないんです」と訴えました。

すると、その課長は「私の責任で了解しました。おいくら必要ですか？」と聞かれ、無事お金を引き出すことができたのです。実は私の知人女性も、その後私と同じ状況になりましたが、直談判することで下ろせたそうです。

今、私たちは何かわからないことがあると、ネットに頼って解決策を探ろうとしがちですが、ネットは「１件のできなかった事例」がリツイートされて拡散していき、あたかもそれが正しい情報かのように一人歩きしていく傾向が強いといえます。法律の相談サイトでも、弁護士が「法律上、不可能です」など、正論のみを書き込んでいるケースがほとんどです。そして常套句のように、成年後見制度の活用を勧めます。

しかし、それが正解とは言えないのです。私が面談をした銀行員の課長は「今後も必要な際は面談の上で」と言ってくれました。銀行側は「不正」が怖く、子どもであっても、いや子どもだからこそ難色を示します。ということは、「正当」な理由を示せば、理解を得るのは可能だということなのです。

なお私の場合は、銀行への直訴によって引き出しができたものの、「でも、今後もいちいち面談しないと下ろせないのか……」という気持ちになり、それが成年後見制度を利用することにつながりましたが、今はその行為に大きな後悔をしています。現在、父のキャッシュカードでお金を引き出す機会は、本当に少ないからです。それに成年後見人になることによる不利益を考えれば、銀行に足を運ぶことなんて、お安いご用です。

もし親の金融機関の暗証番号がわからず、お金を引き出すことができなくても、何もせずに諦めるのだけは、やめてください。ましてや、それだけのために成年後見人になるのは、百害あって一利なしです。

私自身、親の銀行口座のお金は、親のために使うのだから、銀行側に〝頭を下げるような行為〟はしたくない気持ちも強くありました。しかし、銀行側の事情を理解すれば、銀行側の対応も致し方のないものと理解できるはずです。そうした気持ちをもって、銀行に向かうことで道は開けるものなのです。

認知症がどんな病気なのか知っておこう

もう一つ知っておいてほしいのが、認知症という病気についてです。

認知症について、みなさんは、どのくらいの知識がありますか？　おそらく多くの人が「ごはんを食べたことを忘れる」「夜に近所を徘徊する」といった程度で、実は、よくわかっていないのではないでしょうか。

私は2017年6月に『マンガ！　認知症の親をもつ子どもがいろいろなギモンを専門家に聞きました』（宝島社）を出版しましたが、その執筆にあたり、監修者の古田伸夫先生（浴風会病院認知症疾患医療センター長）に取材を繰り返し、また認知症の父と接する中でようやく理解ができるようになってきました。実感しているのは、認知症は、本当に奥の深い病気だということです。それゆえ、認知症をある程度理解しておけば、成年後見制度を使うタイミングを見誤ることもなくなります。

認知症とはあくまで症状であって、脳に障害を与える病気や怪我が原因で起こります。原因によって、アルツハイマー型や脳血管性、レビー小体型などに分類されますが全体の約6割を占めるのがアルツハイマー型です。私の父も、アルツハイマー型認知症です。

アルツハイマー型は、アミロイドβなどのたんぱく質が変性し、脳の中に溜まり、脳が萎縮する病気です。アルツハイマー型は記憶を司る脳の萎縮から始まるケースが多く、症状は、記憶障害から現れる傾向が強く、自分の体験がすっぽり抜け落ちます。

記憶は、出来事を覚える「記銘」と、記銘した記憶を、脳の中に定着させる「保持」、保持した記憶を思い出す「想起」の3要素があります。私たちが年を重ねると、「昨日のごはん、何だっけ？」といった具合に、このうちの「想起」が難しくなります。これは老いによる普通のもの忘れであり、それほど心配する必要はありません。

アルツハイマー型認知症になると、そもそもの最初の覚える行為（記銘）が難しくなります。認知症になると、さっき夕食を食べたばかりなのに「食事はまだ？」と訴えるケースがあるのですが、これは夕食を食べたという行為の記銘ができていないからなのです。その後は、日時がわからなくなったり、ごみを出しに行って戻れなくなったりといった症状が現れていきます。

認知症でも自分で署名できる場合も多い

とはいえ、こうした症状は、一日中起こっているわけではありません。特に、アルツハイマー型認知症を発症した初期の段階では、記憶障害はまだ軽く、出来事の多くは覚えており、日常生活を普通に送っているケースは多くあります。日時についても、当初はしっかり認識しています。一方で、緊張を強いられる場面など、脳がいっぱいいっぱいの状態だと、症状が出やすくなります。

認知症を引き起こす病気や怪我の種類によっても、発症する症状は異なります。認知症の原因として、アルツハイマー型に次いで多い脳血管性は、脳梗塞や脳出血によって脳が破壊されることで起こります。脳のどの部位が障害を受けたかで、現れる症状は異なります。私の友人の父親は脳血管性の認知症ですが、発症して4年が経過した今も、記憶はちゃんとしています。記憶を司る脳にはダメージを受けなかったのです。逆に感情の起伏が激しい症状が目立ったといいます。

ここまで認知症について、詳しく触れてきたのは、認知症と診断されたからといって、日常生活が送れなくなるとは限らないことを伝えたかったからです。

認知症を引き起こす病気や怪我の種類、発症の時期、そのときの心身状態（リラックス状態か、緊張状態かなど）などによって、発症する症状や重さは異なり、たとえ認知症であっても、その状態がよければ、たとえ認知症であっても、普通に日常生活を送ることも十分可能なのです。

恥ずかしながら、父の認知症が明らかになったとき、私はこうした事実を知りませんでした。そして、そのことこそが、私の後悔につながります。

16ページでも触れましたが、法定後見制度は、本人の判断能力の度合いに応じて、3つの類型に分かれます。症状が軽ければ「補助」、次の段階は「保佐」、一番重いケースが「後見」です。この中の「後見」は、品川成年後見センターのパンフレットには、その目安として「日常的な買い物も自分ではできません」と書かれています。

私の父は、母が末期がんと診断された当時、時々は認知症の症状とわかる行動や言動もありましたが、多くの時間は普通に過ごしていました。

私の家で過ごしたときは率先して洗い物を手伝い、私の妻に「美味しいものを作ってもらっているんだから当然ですよ」と話しています。当時、母は所沢市の自宅から東京・日本橋の眼鏡屋まで父を一人で行かせたことがあるのですが、父は無事に帰ってきました。父を近くで見ていた私の妻は「本当に病気なの？」と言ったこともあります。

その後、腰の圧迫骨折で倒れ、意識を失ったまま入院すると、認知症の症状は一気に悪化しました。一番の理由は、病院という不慣れな環境に身を置いたからです。さらに母の病気の悪化も、父にマイナスな影響を与えたのでしょう。ベッドに横たわったまま、餃子を作る真似をして「今から食べるんだ」と口をパクパク動かしていたこともありました。これは「妄想」という症状です。しかし、この症状の悪化も、腰の圧迫骨折の治療を終え、退院してしばらくすると改善されていきました。

しかし、認知症の知識に乏しかった私は、父の症状が悪化したとき、もはやこの症状が改善するとは思いませんでした。今であれば、一時的に症状が悪化しているのかもしれないと考えることもできますが、当時は「悪化してしまった」と思うだけでした。それが「このままでは遺産相続もできない」という焦りを生み出し、成年後見制度の利用につながっていきました。

成年後見人等選任申立てを行い、私が成年後見人に選任されたのは、1か月半後。実はこの時点では、父の症状は相当持ち直していましたが、私は銀行に、父が認知症であることを正直に話し、成年後見人を立てた上で、遺産相続の手続きに入りました。その結果は、45～49ページで触れた通りで、家族の意向に沿った遺産相続はできなくなりました。

ちなみに銀行に「相続人の父が認知症を患っている」と伝えた際、「ご本人は署名などができますか?」と聞かれることは一切ありませんでした。銀行側は「認知症＝遺産相続の手続きは不可能」と考えているのでしょう。とはいえ、その人の症状ごとに見極めていくことを銀行側に求めても無理というもの。「親が自分で遺産相続の手続きをできるか否か」は家族が慎重に判断すべきなのです。

今思うのは、私自身、もっと認知症について理解を深めていれば、成年後見人になどならずに、普通に遺産相続ができていただろうということです。

遺産相続の際は、相続人全員の印鑑証明書と戸籍謄本が必要ですが、このうち印鑑証明書は、印鑑登録カードを持参すれば、委任状なしで、誰でも受け取ることができます。戸籍謄本は、子・孫・親・配偶者であれば、委任状なしで取ることができます。

遺産分割協議書や銀行に提出する書類への署名も、私が近くで見守っていれば、多少苦労はしたとは思いますが、できたと思います。つまり私が成年後見人にならなくても、正当に遺産相続ができたということなのです。

私の最大のミスは、認知症についての認識不足と、「お母さんの遺産はいらない」と言った父の言葉に従って、後見制度を使わずに遺産相続をしてみようと「試して」みなかったことにあります。試してみて、それでも父が署名などが一切できなかったら、成年後見制度の利用を視野に入れるべきでした。

実は第三者が代筆・捺印しているケースが多い

もう一つ、ここで触れておきたいことがあります。

認知症の親がいると、金融機関はほぼ１００％「成年後見人を立てていただかないと……」と言ってきます。ここで少し不思議なことがあります。厚生労働省の発表によると、２０１２年、65歳以上の認知症患者数は４６２万人にのぼっています。この人数は、65歳以上の高齢者の約７人に１人にあたります。一方、同年12月末日時点の成年後見制度の利用者数は約16万８０００件となっています。そうなのです。認知症の患者数の多さに比べて、成年後見制度の利用者数があまりに少ないのです。

このことについて、相続に詳しい行政書士に聞いたところ、「絶対にＮＧな行為ですが、誰かが代筆しているケースは多い」と答えてくれました。実は、金融機関から遺産分割の書類が届いたとき、いつもあっけらかんとしている私の妻は「実印も管理しているんだし、お父さんの署名、ほかの人に書いてもらっちゃえば？」と言ってきて、内心「なるほど」と思ったものでした。法律的にアウトな行為ですが、「正直者はバカを見る」という言葉があるのも、また事実なのかもしれません。

「介護施設入所の契約は本人しかできない」は「事実」ではない

私の父は、東京都練馬区にある民間の介護施設に入所することになりましたが、その準備段階で、知人に言われたのが「子どもであっても入所手続きはできないらしい」ということでした。

86ページで触れましたが、ノーマライゼーションや自己決定権の尊重という世界の潮流の中で、介護保険制度は、これまでの「措置」（行政が取り計らう）から、利用するサービスは自分で決定し、自分でサービスを提供する事業者と「契約」をする形に変わりました。

介護施設入所契約に限らず、私たちの社会は、さまざまな契約で成り立っています。この契約は通常は、自分自身で交わしたり、「頼むね」と、誰かに委任したりしますが、認知症が進むと、自分で意思決定をすることは難しいため、法律で、法定代理人を立てることが求められています。

本人が未成年の場合、法定代理人は通常父母です。では、成人の場合は、どうなのでしょうか。まさに、私の父のケースですが、何の手続きもなしに、子どもが代理人になることはできません。６〜７ページで紹介した「子どもであっても、入所手続きはできない」の理屈は、ここにあるわけです。

これでは、認知症の父は一切の契約ができないことになります。そこで介護保険制度と同時に施行されたのが、成年後見制度というわけです。

介護施設の契約をすることになったのは２０１４年3月でした。この時点で、私はまだ成年後見人になっていませんでした。そのことを施設側に伝えると「ご家族であれば問題ありません」というではありませんか。

要介護認定申請書

期間	年　月　日 ～ 入院中　（　年　月　日に退院予定）	
提出代行者	氏名　続柄	電話番号　（　）
	住所　〒	
提出代行事業所名	※該当に○ （地域包括支援センター・居宅介護支援事業者・指定介護老人福祉施設・介護老人保健施設・指定介護療養型医療施設）	
	名称　印	
	住所	電話番号　（　）

主治医	医療機関		主治医氏名	
		〒		

要介護認定申請書（所沢市）には、提出代行者の名前を書く欄があるが、成年後見人でなければいけない旨は、何一つ書かれていない。

そのまま私は「長男」として、父の介護施設の契約を行い、何ら問題のないまま現在に至っています。今日まで、介護施設の担当者から「成年後見人になってほしい」と言われたことは、ただの一度もありません。あるとき、この担当者に「施設の契約で成年後見人が立ち会うことはありますか？」と聞くと、「ご家族がいる場合は、みなさんご家族だけで、契約をしています」と話してくれました。

もう一つ、成年後見人にならなくてもできたことがあります。それは「要介護認定」の申請です。本来、このサービスの申請は、89～92ページで書いたとおり本人の意思に基づいて行う必要がありますが、実際には、親族などが代行できるようになっています。例えば、所沢市の「要介護認定申請書」には、「提出代行者」の欄があり、そこには「成年後見人でなければいけない」という注意書きなどは一切ありません。

家族による介護施設の契約は、本来は違法行為

介護施設の契約を家族が代行できる点については、私の成年後見監督人だった司法書士は「あくまでも事業所の判断です。成年後見制度が普及していないので、そこでストップしていたら、先に進みませんから」と話します。

この状況について、ある司法書士は、こんな危険性も指摘します。

「親の代わりに介護施設の契約をして、身元引受人になった子どもが、親の通帳を持って行方をくらますというのは、実はよくある出来事なんです。『家族が契約するのは違法行為だから、契約は成り立っていないから、お金は支払わない』と言い出す者もいる」

しかし、事業所が「成年後見人を立ててください」と言えば、利用者がほかの施設に流れてしまうことは確実であり、それが、事業者側が本来の、本人との契約に踏み切れ

ない大きな要因なのだと言います。それゆえ、日本の介護施設のほぼ100%が「家族でもOK」としているわけです。

その良し悪しはともかく、要するに、認知症の親を介護施設に入れる場合は、その親に家族がいるのであれば、何の障害もなく、家族が契約を行うことができるということです。

成年後見人に関する本には「施設の入所について」などの項目があり、あたかも成年後見人にならなくては、入所契約ができないように書かれていますが、それはあくまでも法律上の話なのです。現実的には、家族であればまったく問題なく契約できるという事実を認識しておくべきだと、私は強く言いたいのです。

これだけは親が元気なうちにしておこう

私が父の成年後見人になったのは、親のメインバンクのお金が引き出せなかったこと、母の死去に伴い発生した遺産相続が難しくなったことといった「お金問題」が発生したからですが、その多くは、成年後見人にならなくても「何とかなる」ものでした。

とはいえ、私が直面した「お金問題」の中には、成年後見人にならなければ、できなかったこともあります。それは親の定期預金の解約と貸金庫の解約でした。私が親のメインバンクのお金を引き出すために、その銀行の支店に直談判した際、行員から「定期預金と貸金庫は成年後見人を立てていただかないと無理です」と言われました。

では、定期預金の解約のために、成年後見人になるべきなのでしょうか。私は、本書で成年後見人になることによるデメリットを多く伝えてきました。定期預金や貸金庫の解約のためだけに、成年後見人になるのは、あまりに割の合わないことと言わざるを得ません。

大切なことは、親が元気なうちに、成年後見人になる必要のないように対策を講じておくべきだということです。定期預金や貸金庫の解約など「成年後見人にならないとできないこと」についてだけではなく、親のメインバンクからの預金引き出しなど「成年後見人にならなくても何とかできたこと」も含めて、手を打っておきましょう。

母が危篤状態になったとき、私は母の看病は姉に任せ、お金問題の解決に全力投球せざるを得ませんでした。危篤状態の母が目を開けたときに「お袋！　お金を下ろさないといけないから、暗証番号を教えて！」と叫んだこともありました。そして、そのことは、大きな後悔として、私の心に残っています。そんな体験はしないに越したことはありません。だからこそ、親が元気なうちに対策を講じておくべきなのです。

親が元気なうちに冗談っぽく切り出そう

私が今振り返って、一番「しておくべきだった」と後悔しているのは、やはり親のメインバンクのキャッシュカードの暗証番号の把握です。母が最初の初期のがんを克服したとき、メインの銀行口座の通帳とハンコの保管場所は聞いたのですが、暗証番号は「まあ、そのうち」と先送りしていました。1年後、母が末期がんになったとき、母は認知症の父を守ろうと、必死で病気と闘っていました。その姿を見た私は、母に暗証番号を聞くタイミングを失ったと悟りました。そして「何でお袋が元気なときに聞いておかなかったのだろう」と、強く後悔をしました。

親が病気になったり、あまりに老いが激しくなったりすると、もはや暗証番号など大事なことを聞く行為はできなくなると断言します。弱った親に対して〝死の宣告〟をするような気分になるからです。

それだけに、親が元気なうちに、冗談っぽく聞くのが一番大事です。私であれば、母が最初の初期のがんを克服したときに「お袋！　これで30年は生きそうだけど、万が一のことも考えて、暗証番号を教えておいてよ」と切り出せばよかったのです。そうすれば、親は悟ってくれるはずなのです。実は最近、私の妻が80代の義父母から、メインバンクの暗証番号を聞き出しました。妻は「やっぱり聞きづらい」ともらしていましたが、いざ聞いてみると、ご両親はあっさりと教えてくれたそうです。親というものは、子どもが自分の老後を心配していることを、ちゃんと悟っているのだと思います。

もし、子どものお願いに親が不快感を示すのであれば、それは、親と子どもの信頼関係が成り立っていないことにほかなりません。これをよい機会と捉え、親孝行に励むことが大切なんだと、私は思います。

なお、最近の金融機関は、生体認証（指静脈認証）機能のついたキャッシュカードの利用を「安全性が高い」と勧めてきますが、いざ親が病気などになったときには、とても不便なシロモノになります。普通のキャッシュカードで十分です。

定期預金ははっきり言って無用の長物

お金の問題で、親が元気なうちに必ずしておくべきことは、定期預金の解約です。定期預金の金利は、例えば三菱UFJ銀行の「スーパー定期」で、預けた金額に関係なく、年0・010％（2018年4月現在）です。500万円預けて、年間でたったの500円の利息しかつきません。

それでも、親世代の多くは、定期預金を利用しています。それは昔は6％を超えるなど金利が高かったからです。例えば、私の親の過去の定期預金の金利を見ると、1980年7月17日の金利は、7・75％となっています。500万円預ければ、1年で約39万円の利息が付く計算になります。親世代は、そのイメージが強く、しかも預けると満期まで下ろせないため「普通預金と区別できる」として、利用し続けているのです。

自動継続というカラクリもあります。定期預金は1年や3年など期間を設定しますが、自動継続を選ぶと、満期後、そのまま継続となります。そのため、親世代は「まあ、いいか」と、あるいは自分が定期預金をしていることも忘れてしまい、定期預金をし続けることになるのです。

親が元気なうちであれば、定期預金でもよいのです。普通預金の金利は年０・００１％程度で、５００万円預けても年50円の利息。定期預金（年０・０１０％）の５００円のほうが、トクと言えばトクだからです。しかし、親が重い病気や認知症になると、定期預金は一気に「面倒な存在」になります。親の委任状がなければ、満期前解約の手続きができないからです。

私自身、親の普通預金については、直談判することで、下ろすことはできました。しかし、それでも定期預金は「無理です」とはっきり言われました。５００万円を預けて、1年の利息がたったの５００円であるならば、もっと私たちに利便性のある商品であるべきだと思いませんか？　今の定期預金は、利用者にメリットはゼロで、銀行だけがトクをしている商品です。

親が定期預金を行っている場合は、親と相談し「満期を待つか」「待たずに解約するか」を決めましょう。もし前者の場合は、親が銀行に出向き「自動解約」に変更すれば、それでOKです。満期が来たら、金利ともども普通預金に組み入れられます。たったそれだけの手続きでいいのです。ぜひ実行してください。

年間1～3万円の利用料がかかる貸金庫は即解約を

もう一つ、貸金庫についても、解約を視野に入れるべきです。親世代は、貸金庫を愛用している人が多くいます。私の親も30年近くメインバンクの貸金庫を借りていました。この貸金庫も定期預金同様に、子どもが解約することはできません。もし親に聞いて「貸金庫を借りている」ということでしたら、なぜ貸金庫を借りているか理由を聞くべきです。その理由に必然性がなければ、親にできるだけ早い段階で解約してもらうべきです。あるいは親に委任状を書いてもらい、子どもが解約手続きをしましょう。

例えば、私の親の貸金庫には「不動産登記簿謄本」のみが入っていたのですが、はたして貸金庫に預ける必要のあるものだったのか。貸金庫は無料というわけもなく、年間約１～３万円の利用料が発生するのですから。

一方、貸金庫を借り続ける選択をした場合は、子どもでも貸金庫の出し入れができる代理人登録を必ず行ってください。私の親の貸金庫には「不動産登記謄本」が入っていましたが、これは名義人以外でも必要となるケースがあり得ます。しかし、名義人が亡くなり、銀行がそのことを把握すると、銀行口座と同様に貸金庫も凍結されます。代理人登録をしていれば、凍結される前に出すことができますが、そうでなければ、その貸金庫を開けることは、ほぼ不可能になってしまうのです。

もう一つ、貸金庫カードと貸金庫のカギのありかもしっかり確認しておくことです。私の場合、なかなか見つからなかったのが貸金庫のカギでした。というのも、カギには銀行名などが印字されていないため見極めるのが難しいからです。貸金庫のカギというと、すごく精密なものをイメージするかもしれませんが、結局、見つけ出したのは玩具のカギのようなもので、拍子抜けしたことを今でも覚えています。

貸金庫を借りていると、本当に面倒に巻き込まれる可能性があります。そのリスクを考慮した上で、借り続けるか、解約するかの判断をしてください。

親の生命保険は早めに見直す

父の成年後見人になって最初の仕事は、本人の財産状況を調査し、財産目録を作ることでした。私の場合は成年後見監督人が付いたため、彼に相談しながらの作業でしたが、その中で求められたのは、父の財産の「支出」と「収入」のバランスをとることでした。民間の介護施設と契約したこともあり、このままでは年金の収入が毎月の支出を超える状態になることがわかったため、支出を抑えることは、最重要課題でした。その中で、特に大きな問題として浮上したのが、月額3万円を超える生命保険料でした。

みなさんの多くは、生命保険（死亡・医療保険）に加入していると思いますが、では、親の保険内容を把握していますか？「ノー」という方も多いのではないでしょうか。生命保険文化センターの「生命保険に関する全国実態調査」（2015年）によると、世帯加入率は89・2％。この数字を見る限り、親も加入していると考えるほうが自然です。

同調査によると、年間の保険料の平均は、年38・5万円。私の父はまさにこのくらいの保険料になります。

実は、父の生命保険料の高さは、ずっと気になっていたものでした。財産状況の調査を機に詳しく調べてみると、その保険は世の中では「トンデモ保険」と言われるほど、保険会社だけが儲かるものであることがわかりました。

親世代は自分の保険内容をあまり理解していない

問題は、保険料ではなくて、その内容です。私の父の保険は、明治安田生命の「ライフアカウントL.A.」（利率変動型積立終身保険）。名前には「終身保険」と入っていますが、実際には、更新型の「定期保険」と「積立」を組み合わせたもので、保険料払込期間が終わった後に積立部分で「終身保険」を再契約するという内容でした。

保険会社は、被保険者が死亡したら必ず発生する終身保険の金額を低くしようと躍起で、途中からは、積立部分を取り崩して、特約（医療保険など）に回していました。その結果、父の保険は、75歳満期の定期保険が８００万円で、その後、終身保険を契約した場合、その保障額はたったの15万円と試算されていました。「利率変動型積立終身保険」という名前ながら、亡くなったら必ず支払われる終身保険の保障額が15万円なんて、ありえるでしょうか。

私が感じたのは、おそらく母も父も、この保険の内容をあまり理解していなかっただろうなということでした。私の場合は、ファイナンシャルプランナーの先生に、直接話を聞く機会があり、その説明を受けたことで、何とかその内容を把握したのですが、そうでなければ「終身保険という名前が付いているんだから、親父が亡くなったら、結構なお金が入るんだろうな」と、今も思っていたはずです。

この保険の見直しをするために、私はその保険会社の担当者に「この保険のメリットは何ですか？」と聞いたところ、彼らは一切答えられませんでした。法律違反ではありませんが、保険会社の行為は、私には詐欺にしか思えません。

不要な医療保険は整理、解約を

一方、医療保険についても「ムダな加入」をしていました。

私の母は、民間の医療保険に３つ、父も３つ入っていました。母の死後、病院で入院費などの清算を行う段階で、私は「いくらぐらいかかるのだろうか？」と不安でした。母の闘病生活は３か月に及び、抗がん剤治療など、さまざまな治療をしていたからです。しかし、その金額は11万２８００円程度で収まりました。

その一番の理由は、高額療養費制度の存在です。70歳以上の高齢者（年収１５６万～約３７０万円の場合）は、入院時で４万４４００円、外来で１万２０００円（同一月内）を超えて医療費を支払う必要のない制度です。17年８月からは、入院時５万７６００円、外来時１万８０００円に変更。18年８月からは、入院時５万７６００円、外来時１万８０００円に変更になりますが、それでも有益な制度だといえます。

なお、高額療養費制度は、食費などは適用外です。現在、食費の自己負担額は１食４６０円で、母の場合は45日で１万１７００円でした（13年は１食２６０円）。しかし、それでも医療費とあわせて、自己負担額は約12万円という安さなのです。3か月もの入院なのに、です。おそらく母は、高額療養費制度を正しく理解しておらず「不安だから」と、多くの医療保険に入っていたんだと思います。母は、入院給付金日額5000円の医療保険に3つ入っていましたが、1つだけでも、45日分で約22万円となり、十分カバーできた計算になります。

親が納得して入っている保険ならば、そのままでいい

子どもが、親の生命保険(死亡・医療保険)を把握したら、親に「なぜ、その保険に入っているの?」と聞くことが大事です。その結果、親が保険内容を理解し、本当に納得しているのであれば、そのまま加入し続ければよいと思います。

しかし、保険内容を把握していなかったり、誤解している場合は、親と話し合う必要があります。そのままでは、親の大切なお金が、保険会社に吸い取られるだけです。繰り返しますが、親は生命保険の内容を、本当に理解していません。いや、私たち子ども

世代も同じかもしれません。あなたはちゃんと自分の保険内容は理解していますか？

私の父が加入していた「利率変動型積立終身保険」は、保険会社の担当者でも100%理解していないケースが多いそうです。高齢者に理解することを求めるほうが無理があるというもの。父の保険は、75歳までに亡くなったら、800万円支払われるというものでしたが、父の預貯金や母の年金の額などをチェックすれば、そんな保険は不要でした。父の保険料は月額3万円でしたが、それを貯金すればよかっただけの話なのです。20年間で720万円も貯まるのですから。

繰り返しますが、親との生命保険の内容の変更や解約についての話し合いは、親が元気なうちに行ってください。

親が認知症になると、病院や介護施設、福祉用具の費用など、さまざまな費用が発生していきます。その中で、人生で2番目に高い買い物といわれる生命保険の存在は、重い負担になります。

生命保険の見直しは、被保険者の親が認知症になると、とても難しくなります。見直しや解約をしたいというと、保険会社の担当者から成年後見人を立てることを打診される場合もあります。それだけに親が元気な段階で、親の保険を一度見直すことが、とても大事なのです。

親が元気な段階で「遺言書」を作れば、「後見人」の出番ナシ！

２０２５年には65歳以上の高齢者のうち、５人に１人が認知症になると言われている中で、今後は、認知症の夫や妻を遺してその配偶者が死去するケースは、確実に増えていくと考えたほうが自然です。この場合、金額の大小はありますが、必ず起きるものだと思ったほうがよいのが遺産相続です。

認知症になる人が、どんどん増えている中で、いかに家族の意向に沿って、遺産相続を行うべきか――。このことを真剣に考えるべき時代になったといって、間違いありません。

１２６～１２７ページで私は、認知症の親がいて、その配偶者が亡くなり、遺産相続を行うことになったら、まずは認知症の親が署名できるかどうか試すことが大事だと書きました。母の遺産相続時、父の認知症はまだ初期の段階であり、遺産分割協議書や銀行に提出する書類への署名ができた可能性もあったからです。

しかし、認知症という病気は、薬や適切なケアなどで症状を遅らせることはできても、少しずつ進行していきます。残念ながら、完治することは現在の医療技術では不可能です。私は父の認知症にずっと向き合ってきていますが、発症から８年が経過した現時点では、自筆での署名は、もはやできない状態になっています。それが認知症という病気なのです。

それだけに遺産相続については、万が一、親が認知症になっても、成年後見制度を使わずに進めることができるように、親が元気なうちから対策を講じておくことが大切になります。

遺言による相続は、法定相続に優先する

どうしたら、親が認知症になったとしても「家族の意向に沿った」遺産相続ができる

のでしょうか。答えは簡単です。遺言書を作ればいいのです。遺言書とは、遺言者が死後、自分の財産を、どのように相続させたいのかなどをまとめた文書のこと。

遺産相続では「遺言による相続は、法定相続に優先する」という大原則があります。相続人に認知症の親がいても、遺言書があればそのとおりに遺産相続されるのです。

私の父は、母の遺産を「俺はいらない」と言いました。もし、父と母が元気なうちに話し合って、母が「じゃあ私が死んだら、お父さんは相続放棄、子どもたち2人で分ければいいわね」と決めて、それを遺言書に残しておけば、そのとおりになったのです。

この遺言書は、両親それぞれ作成してもらったほうがよいでしょう。「でも、母親には財産がないし……」と思うかもしれませんが、例えば、母親名義の預貯金が50万円あったとした場合、遺された父親が認知症になり、症状が進んでしまえば、50万円の遺産相続でさえ、成年後見制度を使わないと進められなくなるのです。

遺言書を作成する割合は、毎年、増加傾向にあります。2007年で7万4160件だった遺言公正証書は、16年で10万5350件、その大きな要因は、まさに認知症の増加です。

遺言書の作成の手助けを行う行政書士に話を聞いたところ、最近では、認知症の兆候が少し見え始めたときに、家族が「今のうちに作っておこう」と考えるケースが増えているといいます。しかし、そんなギリギリの状態では、ゆっくりとみんなで話し合うことはできなくなります。やはり、親が元気なうちに話し合って、遺言書の作成を視野に入れるべきではないでしょうか。

その際、親本人が「遺言書は作らない」と判断したら、その意思に従うべきだと、私は思います。しかし親は、万が一自分たちが認知症になったら、家族の意向に沿った遺産相続はできなくなることを知らないのかもしれません。そのためにも「なぜ遺言書を作る必要があるのか」について、親にしっかりと説明することが大切です。結果として、親が遺言書を作ることに前向きになれば、それは素晴らしいことです。

遺言書は公正証書遺言書で作る

遺言書は、主に「自筆証書遺言書」と「公正証書遺言書」があります。前者は、遺言者が自筆で書くだけなので、作成は簡単ですが、封を開ける際や効力を発揮させるためには、家庭裁判所の検認が必要になります。

一方、後者は、公証役場で証人立ち会いのもと、公証人が遺言者に聞き取りをして作成します。財産が500～1000万円までで1万7000円といった費用がかかりますが、確実性が高く、さらに家庭裁判所による検認手続きも不要で、遺言者が死亡するとすぐに遺言書の内容を実行に移すことができます。迅速性と確実性を求めるのであれば、公正証書遺言書を選ぶべきです。

遺言書に盛り込む内容は〝なんでもあり〟というわけではなく〝基本構成〟がありますす。それに則って書けばよいので、あまり難しく考える必要はありません。ただし、絶対に忘れてはいけないのが「遺言執行者の選任」です。

遺言執行者は、遺言に反対する相続人がいても、執行者の権限で推し進めることができます。執行者がいないと、いざ遺産相続をする際、金融機関に「相続人全員のハンコと署名をお願いします」と言われたとき、反対する相続人がハンコを押さない事態になると、遺産分割は暗礁に乗り上げてしまいます。親の権限で、きちんと決めておくようにしましょう。

遺言執行者を立てれば、例えば「配偶者が××銀行の普通預金１００万円を相続する」といったことも可能になります。一見すると、認知症になると、署名ができなくなるため、銀行などから「成年後見人を立てていただかなければ……」と言われそうですが、遺言執行者がいれば、問題なく、遺言どおりに進めることができます。

親の遺産相続は、必ずと言っていいほど起こる出来事です。そして、親が認知症になることも「起こらない」とは言えない時代になっています。その中で家族の意向に沿った遺産相続は、実は、みなさんが考える以上に、やりにくくなっているといえるのです。しかし、遺言執行者を立てるなど、しっかりとした遺言書を作成しておけば、問題なく、家族の意向に沿った遺産相続ができるのです。

不動産を売る予定があるなら「初期」の段階で名義変更を

成年後見制度を利用する動機として全体の１割程度を占めているのが「不動産の処

分」です。例えば認知症の親を施設に入れる際、本人の家を売却してその費用にあてたいと考えた場合、所有者である親以外が売却手続きをすることはまず不可能です。

ある知人女性は、父親をグループホームに入れる際、両親が住んでいた家を売却することになりました。母親はまだ70代前半で元気だったものの、父親は数年前から患っていた認知症が進行していたためです。「一人で父親のいない家には住みたくないし、家を売って小さなマンションを施設の近くに買って引っ越せば、施設を毎日訪ねられるし、差額が施設の利用代の足しにもなる」というお母さんの判断だったそうです。

実家は父親と母親の共同名義、不動産屋に相談すると「そういうことならば成年後見人を立てていただく必要がある」とすぐに言われたそうです。

夫婦の娘である知人女性は自分自身を候補者として成年後見人等選任申立てを行おうとしましたが家庭裁判所で「子どもが選任されるケースは少ない。知り合いの司法書士などがいれば、その人を候補者にしては」と勧められたそうです。彼女自身も、自分が後見人になれないなら、見ず知らずの専門家よりも知り合いのほうがいいと考えて、以前仕事で知り合った司法書士を候補者として申立てを行い、そのまま選任されました。

これ以降、不動産会社との仲介契約などはすべて後見人を通して行うことになります。後見人は「居住用不動産処分許可申立て」を行うのですが、申立て時には不動産会社との契約書のほかに売却予定金額も書く必要もあります。この女性は最近の市場価格などをチェックし、その相場額を売却予定金額として記し、その後、売り出しをスタートしました。結局、後見人申立てから居住用不動産処分許可申立てを経て、実際に売り出し可能になったのは5か月後、売却に至るまでは1年かかったそうです。

この女性が今思うのは「後悔」だけだと言います。

「不動産の価格が途中で変動すれば、その都度、後見人を通じての手続きが必要になるなど面倒ばかりでした。司法書士に年間40万円の報酬が発生するのも予想外だった。家が売れたら買いたいと思っていたマンションは手続きが長引くうちに売れちゃったし。売却についても裁判所の許可が必要で本当に面倒でした。そして何よりも、成年後見制度を使ったことで父の財産が一切動かせなくなったのは相当な痛手です。母は父名義の株も自分で運用していたのですが、もちろんそれもできなくなりました。私たち母娘は不動産の売却のためだけにこの制度を使ったのに……。馬鹿正直に後見人などを付けずに、父の代わりにこっそり私が署名捺印して売却しちゃえばよかったです」

ある行政書士は後見人を使わずに親の不動産を売買したいのであれば「認知症の兆候が少し見え始めた初期の、まだ意思能力がある段階で、不動産の名義を替えるのが一つの方法になる」と話します。

ただしこの場合は、贈与税がかからないように配慮することが大事です。例えば、夫婦間の贈与であれば、「夫婦間贈与の特例」（婚姻期間が20年以上の夫婦間の贈与は、2000万円まで非課税）を使ったり、親子間であれば「相続時精算課税」（親から子どもへの贈与は2500万円まで非課税）を使えば、贈与税がかからなくなります。

契約の解除は「後見人」よりクーリング・オフ制度を活用！

成年後見制度を利用するメリットとして、よく取り上げられる項目の一つに「本人が一人で行った契約を取り消すことができる」というものがあります。

民法では、契約を結ぶと、契約した人は、その契約を守る義務が生じると定めています。それゆえ、いったん契約を結んだ後で「やっぱりやめた」というのは、認められません。しかし、これでは、認知症など判断能力が衰えた人は、セールスの格好の標的となり、どんどん契約を結ばされる事態になりかねません。

そこで民法では、こうした判断能力が衰えた人（民法では制限行為能力者と定義）が、一人で契約をしても、取消権を持つ人（取消権者）が「やめるべき」と判断したら、契約を解消することができる制度を設けています。制限行為能力者にあたるのが、未成年や成年被後見人、被保佐人、被補助人などです。

しかし、成年後見制度になど頼らなくても、契約の取り消しは行うことができます。クーリング・オフ制度があるからです。特定商取引法では、訪問販売、電話勧誘販売、連鎖販売取引、特定継続的役務提供、業務提供誘引販売取引、訪問購入について、クーリング・オフ制度を設けています。

私の知人は、認知症の親が訪問販売で購入した高額商品を、この制度を使って返品しました。クーリング・オフ制度の利用は書面で行うこと、と法律で定められています。具体的には、手紙の差出日付と手紙の内容を郵便局が公的に証明してくれる「内容証明郵便」で行います。業者と会わずに、書面のやりとりだけで済むのですから、契約した本人でなくても対応できるというわけです。

認知症の人が高額な商品を購入してしまうのは、クーリング・オフ制度の対象となっている「訪問販売」と「電話勧誘販売」がほとんどです。それだけに、認知症の親を持つ私たちは、成年後見制度の利用の前に、このクーリング・オフ制度を使うことを視野に入れながら、親を見守ることが大切なのです。

「訪問販売」と「電話勧誘販売」で一方的に契約を解除できる期間は8日間です。親に定期的に電話をしたり、会いに行ったりして、最近の買い物を聞くことを習慣付けるようにすればよいのではないでしょうか。

第5章

本当に成年後見制度が必要なとき

おひとりさま老人を救う成年後見制度

２０１６年、父の初期の食道がんの手術のため、病院の入院手続きコーナーで順番を待っていた私は、70歳くらいの男性と病院スタッフとのやりとりをぼんやり見ていました。何か入院の手続き上で問題が生じているらしく、スタッフが何度も、受付奥の部屋に行ったり来たりして、ほかのスタッフに確認していたのです。そのスタッフは、入院にあたり男性に「保証人」と「緊急連絡先」を書いてもらいたいようでした。何度かのやりとりの後、そのスタッフが「どうしても無理ですか?」と聞くと、その男性は、こう言いました。「だって俺、まったくの独り者だし、そんなことたのめるほど親しい知り合いなんかいないから、保証人の名前も緊急連絡先も書けないんだよ」――。

今、高齢者の独り身世帯が増えています。

「２０１７年版高齢社会白書」（内閣府）によると、65歳以上の高齢者のいる世帯は、２０１５年現在、２３７２万４０００世帯で、全世帯の47・１％を占めています。このうち「夫婦のみの世帯」は、７４６万９０００世帯で、全体の31・５％。次に多いのが

「独り身世帯」で、624万3000世帯となっています。全体の26・3％です。

1980年の「夫婦のみの世帯」は、約138万世帯（全体の約16％）で、「独り身世帯」は、約91万世帯（全体の約11％）。95年で「夫婦のみの世帯」は、約308万世帯（全体の約24％）で、「独り身世帯」は、約218万世帯（全体の約17％）でした。

頼る親族のいない「独り身世帯」が増えている

今の世の中、いかに「夫婦のみの世帯」や「独り身世帯」が多いかがわかります。このうちの「夫婦のみの世帯」の配偶者が亡くなれば、遺された高齢者の多くは「独り身世帯」になるでしょう。

私の両親も「夫婦のみの世帯」として、20年近く生活をしてきたことになります。その母が亡くなり、認知症の父が遺された形になりましたが、父には、親子関係が良好な私と姉という子どもがおり、私が成年後見人になって父を支えています。

2015年現在で「独り身世帯」は、約624万世帯あるわけですが、このうち、どのくらいの人が、病院で見かけた男性のように、完全に独りぼっちなのでしょうか。おそらく私たちが想像する以上に、その人数は多いはずです。

前述の「2017年版高齢社会白書」によると、65歳以上の一人暮らしの男女に「頼りたいと思う相手（看病や世話）」について聞いたところ、子なし男性の35％、子なし女性の21・5％が「あてはまる人がいない」と答えています。

この調査で興味深いのは、子どもがいる高齢者も、子あり男性の21・5％、子あり女性の11・7％が「あてはまる人がいない」と答えている点です。親族はいるけど、関わることを避けられている、あるいは避けている「独り身世帯」が多いことが、この数字からはわかります。

たった一人では、介護保険制度が利用できない

こうした「独り身世帯」の高齢者の多くは、元気なうちは、自由を謳歌し楽しく暮らしているかもしれません。しかし認知症などで判断能力が衰えると、途端に、その暮ら

しは暗礁に乗り上げることになります。

まず大きな壁として、立ちはだかるのが、介護保険制度です。

認知症であっても、症状が軽いうちなら自分で要介護認定を受けることはできます。認定後はケアマネジャーに頼んで、１～２割負担で利用できる介護保険のサービスについて、何を選んでいくかセレクトしてもらい、援助を受けながら、生活を送ることができます。

では、認知症の症状が進んでいくと、どうなるのでしょうか。現在、要介護４の私の父は、私と日常的な会話をすることは難しくなっています。ケアマネジャーとの間で、「このサービスを使いたい」といった会話は成り立っていません。

介護保険サービスのケアプランは、本人がケアマネジャーにオーダーをしてサービスを受ける形が基本です。家族がいれば、本人の代わりにケアマネジャーとやりとりすることもできますが、頼る親族のいない独り身世帯では、それもかないません。つまり介護保険制度のサービスを受けることが、難しくなってしまうのです。

また、高齢者の中には、介護保険制度を使って介護保険サービスを使うことを嫌がる人もいます。ある専門家は「親世代は、介護保険制度について生活保護のイメージを持っている人が多い」と指摘します。誰かの世話になるなんてとんでもない、と思っているのです。それだけに、認知症と診断されても、すぐに要介護認定を受けようとしないケースも多いのです。

介護保険制度の利用だけではありません。認知症が進行すれば銀行で各種手続きをすることも、不動産関係のやりとりも、一人ではできなくなります。

私は、本書で「認知症の親の成年後見人になってはいけない」、さらに「成年後見人を付けなくても何とかなる」と、繰り返し述べてきました。

前述のとおり、介護施設の契約や要介護認定の申請は、本来ならば子どもが代わって行うのはNGですが、現場では普通にOKになっています。しかしそれは、親の面倒を見ようとする子どもや親族がいるからこそ可能なのであって、頼る親族のいない「独り身世帯」であれば、話は変わってきます。

私の知人女性は、現在、自分の亡き母親の姉（伯母）の面倒を見ています。その伯母さんは子どもがいない独り身世帯で認知症なのですが、見守りを始めた頃はまだ症状が軽く、「不動産の売却」や「施設入所手続き」などを、伯母さんと一緒に行い、何とか「伯母さんが一人で契約をする」といった場面がないように心を配りました。そして今も、伯母さんを見守っています。

しかし、こうした女性のような存在は珍しい部類に入るのだと思います。もし、その伯母さんに見守ってくれる姪がいなかったら、彼女はたった一人で生活しなければいけないことになります。確実に症状が進んでいく認知症という病気を抱えながら、はたしていつまで一人で生活できるのでしょうか。

自治体の長も成年後見制度の利用を申立てられる

本書を作るにあたり、さまざまな専門家に話を聞く中で、気づかされたのは「成年後見制度が必要な人もいる」という事実でした。それこそが、頼る親族のいない「独り身世帯」なのです。

成年後見制度を利用すれば、成年後見人のバックアップを受けながら、介護保険制度のサービスを利用したり、金融口座からお金を下ろしたりすることができます。つまり、認知症などで判断能力が衰えた状態になっても、安心した日々を送ることができるようになるのです。

ここで、みなさんが疑問に思うのは「頼る親族もいない人は、誰が成年後見制度の利用申立てを行うの？」ということではないでしょうか。

22ページで成年後見人等選任申立てを行った申立人と本人の関係について紹介しました。「子ども」が最も多く全体の27・2％を占めていますが、注目してほしいのは、次に多い「市区町村長」です。全体の19・8％と、かなり多いことがわかります。実は、成年後見人等選任申立てができるのは、本人、配偶者、4親等内の親族などのほか、市区町村長も、認められているのです。

これによって、認知症などで判断能力が衰えている、頼る親族のいない「独り身世帯」でも、成年後見制度を利用することが可能になります。その手続きを含め、一切合切を取り仕切っているのが、「社会福祉協議会」です。

市区町村長が自ら、独り身世帯の人の成年後見人等選任申立てを行うのは、現実的ではありません。そこで、社会福祉協議会が申立人を「市区町村長」にして、申請を行っているのです。

成年後見制度を活用した支援を行う社会福祉協議会

日本では、都道府県ごとに社会福祉協議会が設置されています。社会福祉活動を推し進めることを目的とした非営利の民間の団体で、社会福祉事業法（現在の社会福祉法）に基づき、1951年に設立されました。民間の団体のため、それぞれ具体的に行っていることは異なりますが、それぞれが法律で求められている「社会福祉の推進」に向けて取り組んでいます。

例えば、品川区の社会福祉協議会では「〝支え愛〟のネットワークづくり」をキーワードに、寝たきり在宅高齢者のための紙おむつ支給といった各種福祉事業や助成事業、集い・交流の場の提供、障害者の社会参加支援など、さまざまな取り組みを実践しています。成年後見制度による支援も大きな軸になっており、「品川成年後見センター」を設けています。

成年後見制度による支援は、多くの社会福祉協議会で行われており、父の住民票がある埼玉県所沢市も「成年後見事業」として、活動を行っています。

ある社会福祉協議会に取材をしたところ、成年後見制度による支援は、各都道府県の社会福祉協議会によって、その取り組みに差があり、しっかりやっているところと、まったくやっていないところに二分されるとのこと。これは、各地域の社会福祉協議会のホームページを見ると一目瞭然で、中には、成年後見制度の文字すら存在していないところもあります。

積極的に成年後見制度による支援を行っている社会福祉協議会では、主に「成年後見制度に関する相談・手続き支援」と「成年後見制度を活用した支援」を柱において、事業を行っています。前者は、認知症などの高齢者や障害のある人のいる家族に対して、成年後見制度についてのアドバイスを行ったり、申立時の経費助成をしたりするというもの。一方、後者は、独り身世帯の人のために、社会福祉協議会が、本人に代わって、成年後見人等選任申立てを行うというものです。

　では、社会福祉協議会では、どのように「独り身世帯」を探し出しているのかと言えば、ケアマネジャーや近所の人、民生委員といった〝周りの人〟が気づき、市役所や社会福祉協議会に報告するケースが、ほとんどだそうです。前述の社会福祉協議会の担当者は「行政と社会福祉協議会がタッグを組んでいる地域は、独り身世帯に対して、よりスムーズ＆スピーディに成年後見制度による支援を行えている」と話します。

　なぜ行政と組むとスムーズなのか。社会福祉協議会は民間の団体のため、近所の人から「隣の○○さんは一人で暮らしているけど、認知症を患っていて、家に閉じこもっている」という報告があっても、個人情報の壁があるため、その人の家族情報などを知ることは非常に困難です。しかし行政と組み、個人情報の協定を結んでいれば、双方で情報を共有できるようになるのです。

　東京23区の中で、こうした活動を積極的に行っている自治体の一つが、品川区です。毎月２回、行政と社会福祉協議会、地域包括支援センターなどの担当者が集まり、手助けする必要のある人についての情報を共有し合い、どのように支援するのがベストなのかを話し合っています。その中で「この人は成年後見制度を使わないと生きていくことが難しい」という結論が出た場合、同制度の活用に乗り出します。

候補者は「法人」「専門職後見人」「市民後見人」

社会福祉協議会が、申立人を「市区町村長」にして、成年後見制度の申立てを行い、「独り身世帯」をフォローしていく場合、いったい誰を、成年後見人の「候補者」に立てるのでしょうか。

家族の場合は、基本的に「親族」を候補者にするケースが多いわけですが、頼る親族のいない独り身世帯に、それは不可能です。親族がいるものの、関わることを拒否している場合、社会福祉協議会では、のちのトラブルを避けるために、できる限り話し合いの場を作っているといいますが、彼ら親族が候補者として名乗りを上げることは、まずないそうです。

社会福祉協議会は、主に「法人」「専門職後見人」「市民後見人」のいずれかを候補者として立てています。この制度は「法人」を成年後見人にすることができるので、「法人が組織的に成年被後見人の世話をする」ということが可能なのです。この法人に挙げられるのは、ＮＰＯ法人や社会福祉協議会などです。

社会福祉協議会では、「独り身世帯」の経済状況や認知症度、親族との関係などをチェックしながら、候補者を立てていきます。財産が多くなく、トラブルは抱えずに、たった一人で生きているような場合は「市民後見人」を立てることもあります。

ここ数年、成年後見人等に選任される人材として、注目を浴びているのがこの市民後見人です。市民後見人とは、一般市民が成年後見人になることをいいます。

２０１７年は、全体の０・８％に過ぎない２８９人しか選任されておらず、まだまだ利用率は低いのですが、それでも、その前年が２６４件ですので、前年比９・５％の伸び率になっており、今後は、さらに増えていくことが予想されています。

市民後見人は誰もがなれるわけではありません。各市区町村が地域の社会福祉協議会などに委託して定期開催している「市民後見人養成講座」を、自らの意志で受講し、修了後に、「市民後見人候補者バンク」に登録することで、成年後見人として選任される対象になります。

後見を受ける人と地元で密接に関わる市民後見人

取材を通じて感じたのは、市民後見人は今後、成年後見制度のキーパーソンになる可能性があるということでした。前述したように市民後見人は、自らの意志で就任するため、その仕事に対してやりがいを感じています。そして、市民後見人の大きな強みは、後見を受ける人と同じ「地元」に住んでいるという点です。ある社会福祉協議会の担当者はこう話します。

「私たちも、後見を受ける方と密接に関われるように努力をしていますが、市民後見人の方は、お隣に住んでいる同じ住民として、そっと寄り添うことができるんです。同じ目線でお世話をすることができる。その姿勢には、私たちが見習う必要のあることも多いんです」

積極的に「独り身世帯」を見守る仕組みを作っている社会福祉協議会では、市民後見人の「報酬面」にも目を配っています。

市民後見人の報酬は、家庭裁判所によって「ナシ」と「アリ」に分かれています。例えば大阪府では、市民後見人をボランティアと捉えて、報酬を払わないケースも多いそうです。一方、東京都では、弁護士や司法書士と同じ責任を負わされるという点を配慮して、月１万円程度の報酬を支払うケースが多いといいます。

さらに東京家庭裁判所では、市民後見人が付いた場合には、成年後見監督人が選任されるケースが多く、彼らへの報酬も発生します。そこで社会福祉協議会によっては、月１万円程度の助成金を出しています。行政がフォローすることもあります。ちなみに大阪府では、市民後見人を選任した場合でも、成年後見監督人は付かないことが多いそうです。

社会福祉協議会による成年後見制度を利用しての支援は、生活保護を受けている人にも向けられています。

「生活保護を受けている方は、ケースワーカーさんが担当に付き、生活保護費の金銭管理をしています。その意味で〝措置〟の部分が残っているとも言えるのですが、最近では、ケースワーカーさんが本人の代理として銀行でお金を下ろすことを認めない銀行も出てきています。こうした方が認知症などを患うと、ケースワーカーさんでは支援がし

にくい状況になっているんです」（社会福祉協議会の担当者）

社会福祉協議会が「報酬を支払うことができない」人であっても、成年後見人を付ける必要があると判断したら、市民後見人の制度を使ってサポートしていこうとする姿勢が見えます。

障害者の家族を法人後見人で末永く見守る

もう一つ、社会福祉協議会の取り組みとして、知的障害や精神障害などで判断能力が衰えた人々に対する支援も挙げられます。核家族化により、彼らを支えるのは両親のみという現状があります。その両親が老いていくと、支えることが難しくなります。

「介護にあたっていたお母さまの具合が悪くなり、障害をもった方はもちろん、家族全員をサポートしないといけないといったことが今、表面化してきています。こうした場合は、成年後見人を法人で請け負うことで、チームとして末永く見守っていくことができます。その点で、社会福祉協議会が積極的に関わる必要があると感じています」（社

会福祉協議会の担当者）

積極的に成年後見制度による支援を行っている社会福祉協議会は、もう一つ特徴的なスタンスを取っています。それは「事務的な身上監護だけで終わらせない」というスタンスです。身上監護とは、介護契約や介護施設入所契約など、本人の世話や療養監護をすること。老人ホームなどの施設の入退所、介護保険サービスなどの契約が、これにあたります。

「これらのことは本人にとって必要不可欠なことであり、成年後見人は責任をもって行わなければなりません。その意味で『事務的な身上監護』だといえます。しかし、それだけが身上監護のすべてではないと思うんです」（社会福祉協議会の担当者）

この担当者に取材をした際、その雑談中に私が「実は、父親と食事に行ったとき、父が『俺がおごる』と言ったのですが、家庭裁判所はその支出さえ認めてくれなかった。僕は父に払わせてあげたかったんです」と話すと、その担当者は「それこそが、本当の身上監護なんです」と、私の意見を支持してくれました。

事務的な身上監護だけではなく、ちゃんと寄り添うのが本当の後見

「特に頼る親族のいない『独り身世帯』の方は、ずっと一人で生きてきて、悲しい、寂しい思いもしてきたと思うんですね。その中で、私たちと出会い、成年後見制度を使って、成年後見人の支援を受けることになったのです。これも大切な縁です。事務的な身上監護だけではなく、定期的に訪問し、その方々の思いに耳を傾けて、できる限り応えていくことが大事だと思っています」

この言葉を受けて、私は「それは成年後見人という枠組みからはみ出して行うということなんでしょうか」と聞くと、首を横に振りました。

「その人の意思がどこにあるのか、その意思を確認しながら進めることは、民法にも書いてあることなんです。身上監護は、本人の最善の利益だけではなく、本人の意思も尊重しないといけないんです」

社会福祉協議会が成年後見制度を使って「独り身世帯」を支援する中で、苦労するのが「医療の同意権」だと言います。98～100ページでも触れましたが、医療の同意権

は、本来、家族であっても認められていない行為です。では、「独り身世帯」の場合、どうすればいいのか。

「社会福祉協議会が、支援する方とお会いするのは、認知症などを患ってからです。それだけに『どのような治療を望むのか』を知ることはできません。でも、周りの方々は、その人が『延命措置を嫌がっていた』など、その人となりを知っている可能性もあります。成年後見人が判断を下せない以上、そうした判断材料を多く集め、お医者さんに提供するといったことを行っています」（社会福祉協議会の担当者）

成年後見人等選任申立てをする「申立人」は、すでに触れたように「市区町村長」が、本人の子どもに次いで多く、全体の19・８％となっていますが、都市圏では、さらに、この数字が上がります。「成年後見関係事件の概況（２０１７年）」（最高裁判所事務総局家庭局）によると、東京都では、５１２８件の申立てのうち、１１４２件が「市区町村長」です。大阪府も、２８３２件のうち、５４３件となっています。このことは、都市圏を中心に「独り身世帯」が多いことを示しています。

今後、さらに独り身世帯が増えることが予想される以上、社会福祉協議会が果たす役割は、ますます高くなっていくはずです。品川区や世田谷区、墨田区といった「成功事例」を参考に、あらゆる社会福祉協議会が「しっかりやっている」と評価されるようになれば、独り身世帯でも安心した生活が営めるようになるのではないでしょうか。

認知症の親の財産を「ハイエナ親族」から守る

母が末期がんになり、それと同時期に父が認知症であることを知ったとき、私は3歳年上の姉と、密に連絡を取り合い、一つひとつの難関を乗り越えていきました。もちろん、その過程では「次は、姉貴の家に親父を泊める順番だろう！」などと喧嘩もしましたが、それでも仲たがいすることはありませんでした。

私たちにとって、それは普通のことでしたが、あるとき、もしかしたら普通とは言えないのかもしれないと思い直しました。私の妻は、4歳上の姉と普段まったく連絡を取り合っていません。妻のご両親は健在ですが、今後万が一の事態になったとき、協力し合って乗り切っていけるのか、少し不安な面もあります。

実は、このような話を知人・友人にすると「うちはすごく仲良し」という人がいる一方で、「もう何年も会ってもいないし、会いたくもない」という人もいました。

日本法規情報の「深刻化する親族間トラブル意識調査」（２０１４年）によると、親族間トラブルで悩んでいる人は、全体の３割という結果となっています。その原因の１位は「金銭問題」（27％）、２位は「相続問題」（15％）となっています。

興味深いのは、こうした親族間トラブルについて「何もせずに放置している」と答えた人が30％とトップであるという点です。

親族間の仲が悪いだけなら、まだいいのです。トラブルの原因が「金銭問題」でも「相続問題」でも、仲が悪いなりに、お互いが譲り合って、妥協案を見出せるのであれば、それでよいと思います。

しかし日本では「子どもが認知症の親のお金を騙し取っている」といったことが、かなりの頻度で起こっています。93～94ページでも触れましたが、日本には、親族間の犯罪に関する特例があります。「親族相盗例」です。親族が身内のお金を盗んでも、犯罪は成立するけれど、刑は免除されるというものです。そのゆえ、子どもが親のお金を使い込むことは、十分に起こり得る事態なのです。親が元気であれば、子どもに「ノー」と言えるでしょう。しかし、親が認知症になれば、子どもはさまざまな手を使って、親のお金を自由自在に扱うことができます。

親子・兄弟姉妹トラブルに効く

では、そんなときは、どうしたらいいのでしょうか。警察に訴えるのも一つの方法ですが「法は家庭に入らない」というポリシーのもと、親族相盗例によって、刑は免除される可能性が高くなります。そんなとき、大きな力を発揮するものこそが、成年後見制度です。刑で罰せられないのであれば、成年後見制度を使って、親の財産を子どものもとから引き離すのです。

私の成年後見監督人だった司法書士は、複数の案件で専門職後見人を務めています。その中には「親子間のトラブル」が要因で、親族から成年後見人等申立てが行われたケースも多いと言います。

「一番ひどいのは、認知症の母親の財産を同居している息子（長男）が勝手に5000万円の銀行預金を引き出したケースでした。最初はしっかり管理していたそうですが、長男自身が年を取りお金が必要になり、そのような行為をし始めたのです。いくら注意しても聞く耳を持たない。そんな異常な状況に次男が動き出して、成年後見制度を使うことにしたのです」

成年後見制度による支援を行っている社会福祉協議会も、ケアマネジャーなどが、親族間のトラブルを発見し、その親を救うために成年後見人等申立てをするケースも多いそうです。

親族によるお金の使い込みなどが発覚した場合、まずは家族で徹底的に話し合うことが大事です。法律相談所などに相談して、不正をただすように持っていくこともすべきでしょう。そうして、あらゆる手段を尽くしても、親の財産の使い込みをやめないとき、初めて、成年後見制度の利用を選択することが大事だと、私は思います。

成年後見制度は、利用しないで済めば、それに越したことはありませんが、このようなときには、親の財産を守る大きな〝盾〟となってくれるでしょう。

最近よく聞く「家族信託」とは

成年後見制度以外に、認知症の親と家族を守る制度として、ここ数年で、少しずつ認知され始めているのが「家族信託」です。関連本も多く出版されており、そこには「成年後見制度や遺言ではカバーしきれない問題を解決できる」などと書かれています。ニュース番組でも取り上げられる機会も増えた「家族信託」とは、いったいどのような制度なのでしょうか。

信託は、信託法という法律でその仕組みが規定されています。「信じて託す」の名のとおり、老後や相続に備えて、親が元気なうちに、信頼できる家族の誰かに、自分の財産の管理や処分をする権限を託す財産管理の仕組み――それが家族信託です。財産を託す人（例・父親）を「委託者」、託された人（例・家族の誰か）を「受託者」、その財産から得られた収益を得る人を「受益者」（例・父親）と呼びます。そして託す財産を「信託財産」といいます。委託者と受託者が「信託契約」を結ぶことで、信託をスタートさせることができます。もともとは信託銀行や信託会社を受託者に指定する「商事信託」

が原則でしたが、２００７年に信託法が改正され、家族などの個人を受託者に指定できるようになりました。

信託契約の内容については、自由度は高く、これこそが「成年後見制度や遺言ではカバーしきれない問題を解決できる」と謳われるゆえんです。

例えば、父親がアパート経営をしている場合、その父親が認知症になると、新たに賃貸借契約を結んだり、大規模修繕や売却といった行為は難しくなります。実際の現場では、子どもが「代筆」しているケースもありますが、厳密にいえば、こうした行為は法律違反にあたり、最近では認められないことも増えています。この点、父親が元気な段階で、父親を委託者として、アパート物件について長男を受託者、利益を受け取るのは父親（受益者）として信託契約を結んでおけば、父親が認知症になっても、長男がアパート経営全般を父親に代わって行うことができます。一方、成年後見制度を使った場合は、その役割は「本人（成年被後見人）の財産を守る」ことにあるため、賃貸借契約は可能ですが、大規模修繕や売却は、家庭裁判所から「ノー」と言われる可能性もあります。

将来的に、自宅の売却を考えている場合でも、本人が認知症になれば、たとえ成年後見制度を使っても、裁判所が「施設に入るための費用にあてるため」などと認めなければ、何もできません。家族信託であれば、それが可能になります。

一方、遺言については、一般的な遺言は、財産の継承先は一代限りしか指定できません。「自宅は長男に相続する」は可能ですが、「自宅は長男に相続し、長男の次はその孫に相続する」といった具合に二世代以上先の相続人の指定はできません。この点、家族信託であれば、そうした遺言が可能になります。一族の資産の流出を回避するには、現時点で一番有効な仕組みと話す専門家もいます。

では、預貯金の信託はできるのでしょうか。結論から言えば、できます。この場合は、信託する分の現金を払い戻しして、金融機関で「委託者A受託者B信託口」という名義の信託財産管理専用の口座を開設することになります。

家族信託は、目的ごとに信託契約を結ぶため、例えば「不動産の売却」についての信託契約を結んだ場合、その売却が完了すれば、契約もそこで終わります。成年後見制度は、目的を果たした後も、成年後見人等を辞任することはできず、成年被後見人が死亡するまで続きます。

こうして見ていくと、家族信託は成年後見制度よりも使い勝手のよい制度だと感じるのではないでしょうか。とはいえ、しっかり理解しておくべきこともあります。

まず「家族信託＝相続税対策」ではないという点です。家族信託では「委託者＝受益者」の場合は、相続税も所得税も発生することはありません。しかし、遺言のように、委託者と受益者が異なる場合は、相続税の課税対象になります。また、信託法には「親の財産は親のために使う」という理念があり、相続税対策の柱である暦年贈与は基本的にできません。

もう一つ理解しておきたいのは、信託契約の書類作り（信託契約書）は、信託業務に詳しい専門家（司法書士や税理士など）に頼る必要があるという点です。成年後見人等選任申立ての書類は、フォーマットがあり、裁判所のホームページからダウンロードすることができますが、家族信託には、そうしたものはありません。まだまだ家族信託が普及していないため、ひな型も少なく、いわばゼロから作り上げなければならず、素人ではとても太刀打ちできません。

また、不動産を信託すると、委託者から受託者へ不動産の名義変更をする必要がありますが、こちらも素人では難しいでしょう。金融機関の信託財産管理専用の口座についても、現時点では、都市銀行のほとんどが対応しておらず、金融機関のリストアップをはじめ、専門家を通して交渉することになります。専門家に依頼する場合の費用について、家族信託普及協会の事務局長・松本康男さんは「明確なルールはありませんが、これまでの経験則上、信託財産の0・7％程度」と言います。1億円で約70万円です。

家族信託は普及していないため、不明瞭なことも多い

現時点で、家族信託はそれほど普及していないため、「家族信託を活用したことで、実際にこうなった」という具体例がそれほど出ていません。そのため「できる・できない」で見解が分かれることもあります。

その一つが「相続時の遺留分」についてです。家族信託で、父親と長男Aが「自分が死んだら、財産は長男Aに相続し、長男Aの次はその孫Cに相続する」という信託契約

を結んだとします。では、その父親に疎遠な次男Ｂがいるとします。この場合、通常の遺産分割では、次男Ｂには、母親が他界していれば、２分の１の法定相続分があります。しかし、信託契約によって、その財産をＢは取得できない状態となります。

法律上の解釈では、長男Ａは受益権を得ただけであり、相続には関係のない財産となり、遺留分請求の対象になりません。しかしながら、専門家の中にはＢは遺留分を「請求できる」という見解を示す人もいます。実は現状では、裁判で判決が下されたこともなく、専門家の間でも議論が分かれているのです。今後、家族信託が普及し、明確なルールが定まってくるのを待つしかありません。

取材を通じて筆者が感じたのは、「成年後見制度や遺言ではカバーしきれない問題を解決できる」という謳い文句は、決して大げさな表現ではないということです。親の認知症の備えとして、家族信託は、一つの選択肢になり得ると思います。しかしながら、まだまだ不明瞭な部分も多いため、利用するにあたっては、信託業務に詳しい専門家に頼りながら、リスクが少なくなるように、信託の設計を進めることが大事だと言えそうです。

あとがき

私が父の成年後見人になったのは、2014年4月。それから4年が経過しましたが、「認知症の親の成年後見人になってはいけない」という思いは、今も薄らぐことはありません。

17年春に、親の実家に、亡くなった母宛ての一通のハガキが届きました。差出人は、とある地方銀行。「5万円の定期預金が満期になった」という通知でした。父の成年後見人である以上、たとえ5万円であっても、正当な手続きを踏んで遺産相続を行う必要があります。その一連の手続きが正直面倒くさく、今も放ったままの状態になっています。

父の認知症の症状がまだ軽いとき、私は父を伊豆旅行に連れて行こうと考えたことがありました。しかし以前、父と食事に行ったとき「俺がおごる」と言いながらも、家庭裁判所から「全額戻せ」というお達しがあったことが脳裏に強く残っており、もう一度、そのやりとりをすると思うと煩わしく、結局、諦めました。その後、父の認知症の症状は進み、旅行に行く機会は失われてしまいました。

成年後見制度を使うことで、普通であれば親子間の裁量で決められたことが、すべて家庭裁判所の裁量に委ねられることになります。私には自分自身の生活もあり、認知症の父のケアもあります。時間にも気持ちにも余裕のない中、家庭裁判所に掛け合う必要のある案件は、すべて見送っている現実があります。自分自身、情けない気持ちも抱きますが、日々生活している以上、どうしても優先順位の高いタスクからこなす必要があるのです。

だからこそ親が元気なうちに、成年後見制度を使わないで済むように準備をしておくことが大事なのです。

とはいえ、成年後見制度という仕組みは、超高齢社会において、必要不可欠な存在だと強く感じています。それは父の認知症の進行を、この目で見てきているからです。

発症から約8年が経ち、父と日常的な会話を交わすことは、ほぼできなくなってきました。父が一人で、何かをすることはもはや不可能です。父がもし、私といった子どもがいなくて、たった一人であったら、いったいどうなっていたのか。「孤独死」という事態も十分考えられたのではないか、というのが、今現在の父の症状を見て思う、偽らざる気持ちです。

17年3月、内閣は「成年後見制度利用促進基本計画」を発表しました。現状の制度は、本人や家族などの利用者がメリットを感じられない点を挙げ、その改善に向けて、積極的に取り組む姿勢を明らかにしています。

厚生労働省によると、12年現在、65歳以上の高齢者の認知症患者数は約462万人と、高齢者の7人に1人となっています。この数が25年には約700万人、5人に1人になると見込まれています。また高齢になるにつれて、その割合は増え、85歳以上では2人に1人が認知症を患っているというデータもあります。私の周囲でも、親が認知症になるケースが増えています。

その中には、独り身世帯も多くいるはずです。あるいは、何らかの事情で子どもが面倒を見ることのできないケースもあるでしょう。その場合、この制度を使わない以上、安心した暮らしを送ることは、かなり難しくなります。

それだけに国は、成年後見制度の改善を早く実現させなくてはいけません。もはや時間の猶予はないのです。

本書の作成にあたり、「公益社団法人成年後見センター・リーガルサポート（正会員はすべて司法書士）」をはじめ、司法書士、行政書士、社会福祉協議会ほか多くのみなさんに取材をさせていただきました。本当にありがとうございました。

認知症や知的障害、精神障害など、判断能力が衰えた方を支援するために定められた「成年後見制度」が、今後よりよいものに変わっていくことを、成年後見人の一人として、強く願っております。

２０１８年５月

永峰英太郎

認知症の親と「成年後見人」

後見人なしで最後まで親に寄り添う方法

著者 永峰英太郎

2018年6月25日 初版発行

永峰英太郎（ながみね・えいたろう）
1969年東京都生まれ。明治大学政治経済学部卒。業界紙・夕刊紙記者、出版社勤務を経て、フリーに。著書に『「農業」という生き方 ど素人からの就農入門』（ともにアスキー新書）、『日本の職人技』（アスキー新書）、『マンガ！ 認知症の親をもつ子どもがいろいろなギモンを専門家に聞きました』（宝島社）、『70歳をすぎた親が元気なうちに読んでおく本・改訂版』（二見書房）など。

発行者 佐藤俊彦
発行所 株式会社ワニ・プラス
〒150-8482
東京都渋谷区恵比寿4-4-9 えびす大黑ビル7F
電話 03-5449-2171（編集）
発売元 株式会社ワニブックス
〒150-8482
東京都渋谷区恵比寿4-4-9 えびす大黒ビル
電話 03-5449-2711（代表）
装丁 橘田浩志（アティック）
柏原宗績
DTP 有限会社 一企画
印刷・製本所 大日本印刷株式会社

ISBN 978-4-8470-6132-5
ワニブックスHP https://www.wani.co.jp